Keine Macht der Moral

Fröhliche Wissenschaft 196

Norbert Bolz

Keine Macht der Moral!

Politik jenseits von Gut und Böse

Matthes & Seitz Berlin

Inhalt

Entmoralisierung und Remoralisierung der Politik

Die großen politischen Probleme unserer Zeit können nicht sinnvoll diskutiert werden, weil sie in den Sog eines rigorosen Moralismus hineingeraten sind. Der Soziologe Niklas Luhmann hat einmal von der »Gefahr der Entdifferenzierung« gesprochen und damit die unheilvolle Tendenz gemeint, dass der moderne Staat dazu neigt, die für die Neuzeit spezifische Ausdifferenzierung der sozialen Systeme wieder aufzuheben – und zwar zugunsten einer grenzenlosen Politisierung aller Lebensverhältnisse.

Gerade die aktuellen Protestbewegungen richten sich gegen die funktionale Ausdifferenzierung, also das Grundprinzip der modernen Gesellschaft. Diese umfasst die Autonomie und Eigenlogik von Wirtschaft und Politik, Recht und Wissenschaft, Religion und Kunst und ist das Resultat einer gesellschaftlichen Evolution, die um 1500 einsetzt. Diese neuzeitliche Ausdifferenzierung ist zunächst nur kritisch wahrgenommen worden, etwa unter Titeln wie »Entzweiung« bei Hegel oder »Entfremdung« bei Marx.

Der Prozess der Entdifferenzierung heute vollzieht sich dagegen im Medium des Moralismus, der politische Probleme eben nicht politisch, sondern moralisch beurteilt. Um zu verstehen, wie es dazu kommen konnte, ist ein Blick in die Begriffsgeschichte des Staates hilfreich. Dabei zeigt sich ein enger Zusammenhang zwischen der Ausdifferenzierung und der Entmoralisierung des Politischen zu Beginn der Neuzeit. Dem entspricht heute die genau entgegengesetzte Tendenz zur Entdifferenzierung und Remoralisierung der Politik.

Seit 2500 Jahren wird die westliche Welt durch ein heftiges dialektisches Oszillieren zwischen Politik und Antipolitik geprägt. Die antike Polis ist noch die Stadt, die der Bürger nicht nur bewohnt, sondern ist. Das Wesen des Menschen ist öffentlich, er ist Zoon politikon, ein von Natur aus politisches Lebewesen, dessen höchstes Gut im Wohlergehen seiner Stadt liegt. Es ist eine Welt des Wettkampfs und des Siegenwollens. Die Umwertung der Werte durch Paulus könnte nicht radikaler sein. Der antike Grieche konnte das Christentum nur als Verweichlichung seiner Kultur empfinden: Das eine, das nun nottut, ist das Seelenheil, das man nur im Glauben findet. In ihrer radikalen Urform propagiert diese Umwertung der antiken Werte den Akosmismus eines Reichs, das nicht von dieser Welt ist.

Das Ausbleiben der triumphalen Wiederkehr Christi hat alsbald die Kirche als Machtform ins Leben gerufen. Es beginnt der jahrhundertelange Kampf zwischen kirchlicher und weltlicher Macht, also Papst und Kaiser. Beide Seiten bedienen sich dabei auch der Waffen des Gegners; so säkularisiert die Politik theologische Konzepte, und die Kirche betätigt sich politisch als indirekte Gewalt.

Erst Niccolò Machiavelli bricht mit der antiken und christlichen Tradition. Er steht für die neuzeitspezifische Selbstbehauptung des Politischen, emanzipiert von der Religion und jenseits von Gut und Böse. Hieran kann die Lehre von der Staatsraison anknüpfen, die nüchtern das Gewaltpragma des Politischen ins Zentrum aller Überlegungen stellt. Für Machiavelli steht nichts über der Politik. Er bleibt in Platons Höhle – ohne den philosophischen Weg zur Wahrheit gehen zu wollen. Gerade dadurch aber gelingt ihm der entscheidende Schlag gegen den politischen Moralismus.

Die Emanzipation des Politischen von der Moralität ermöglicht schließlich die Konstruktion des modernen Staates. Doch obwohl Machiavelli den modernen Begriff des Politischen entwickelt, schafft er es noch nicht, den Rahmen eines traditionellen Fürstenspiegels zu sprengen und zu einer Theorie des modernen Staates durchzudringen. Das gelingt erst Thomas Hobbes' *Leviathan* –

mythischer Name für die große Maschine des modernen Staates. Entscheidend für die Wendung zum modernen Staat ist die Orientierung nicht mehr am *summum bonum*, dem höchsten Gut, sondern am *summum malum*, nämlich dem gewaltsamen Tod, der jedem von jedem droht. Hegel wird das »die Furcht des Todes, des absoluten Herrn« nennen. Vor diesem Hintergrund bildet sich eine völlig neue Form von Rationalität, die für die Neuzeit bestimmend wird. Hegel, der schon in dem berühmten Herr-Knecht-Kapitel der *Phänomenologie des Geistes* an Hobbes anschließt, bringt diese Rationalität dann in eine endgültige Fassung: der Staat als Wirklichkeit des Vernünftigen. Allerdings bleibt diese Lösung des Problems noch an die Form der Monarchie gebunden.

Wer die politische Theorie Thomas Hobbes' nur mit Absolutismus assoziiert, verfehlt das Zentrum seines Denkens genauso wie derjenige, der Machiavellis Lehre mit dem Vulgärbegriff des Machiavellismus verwechselt. Dass man Machiavelli und Hobbes meist derart missverstanden hat, liegt unter anderem daran, dass man sich in der Sekurität biedermeierlicher und wirtschaftlich prosperierender Zeiten nicht mehr in die Verzweiflung eines Bürgerkriegs versetzen konnte – vielleicht ist unsere Gegenwart hier ja besser disponiert.

Der Rückblick auf Machiavelli und Hobbes lehrt, den Staat und das Politische als historische

Begriffe zu verstehen. Der Staat im neuzeitlichen Sinne hat nur sehr wenig mit der griechischen Polis oder der römischen *res publica* zu tun – aber eben auch nur wenig mit unserem gegenwärtigen paternalistischen Wohlfahrtsstaat. Die Politik der Neuzeit steht in einer moralisch-religiösen Klammer. Früher, also vorneuzeitlich, war Politik mit Religion und Moral amalgamiert. Heute haben wir es mit einer Überdehnung des modernen Staates zu tun, und zwar sowohl wohlfahrtsstaatlich wie ökologisch. Mit dem Wohlfahrtsstaat, der eigentlich schon in der traditionellen Gemeinwohlformel angelegt ist, kehrt das *summum bonum* zurück: das größte Glück der größten Zahl; der gehobene Lebensstandard wird als politisches Recht definiert. Das hat schon Max Weber sehr scharf gesehen. Neu hinzugekommen ist die ökologische Forderung. Sie hat sich ebenfalls sehr rasch als Überforderung des Staates erwiesen. Während die wohlfahrtsstaatliche Überforderung von einem politischen Moralismus ausgeht, steht hinter der ökologischen Überforderung die Ersatzreligion der Umweltbewegung.

Max Weber in seiner Rede über Politik als Beruf und Carl Schmitt in seiner Schrift über den Begriff des Politischen markieren Rückzugspositionen – gewissermaßen ein Ausharren auf verlorenem Posten. Aber gerade von dort geraten die Tabus heutiger Politik besonders gut in den Blick.

Webers Grundthese, dass Politik Kampf ist und nicht ohne Gewalt auskommt, wird heute genauso verdrängt wie Schmitts politische Grundunterscheidung von Freund und Feind. Diese Verdrängung erweist sich immer deutlicher als ein Kampf gegen das Politische selbst – ein Kampf, der mit den Waffen der Emotionalisierung und der Begriffspolitik geführt wird.

Natürlich gab es die antipolitische Politik des Liebesakosmismus schon immer; man kann sie zumindest bis zum Urchristentum zurückverfolgen: Damals hat die absolute Ethik des Evangeliums in der Bergpredigt gefordert, dem Übel nicht mit Gewalt zu widerstehen. Heute orchestriert dieser Liebesakosmismus seinen Kampf gegen die Staatsraison mit dem Universalismus der Menschenrechte, mit Nächstenliebe als Fernstenliebe und dem Traum von der *One World*, dem Weltstaat, der kein Außen mehr kennt. Für Weber und Schmitt hingegen ist es selbstverständlich, dass die Politik die Moral auf Distanz halten muss. Deshalb halten sie dem Gott der Liebe den Dämon der Politik entgegen und der Feindesliebe die Unterscheidung von Freund und Feind. Webers Kritik der Gesinnungsethiker ist heute genauso aktuell wie Schmitts Kritik der indirekten Gewalten – nur dass sich die Gesinnungsethiker heute hinter dem Begriff Verantwortung verstecken und die indirekten Gewalten als Protestbewegungen und NGOs auftreten. Die indirekten Gewalten geben sich den Anschein des Unpolitischen, um den Staat zur Durchsetzung ihrer Interessen zu nutzen. Niklas Luhmann nennt sie »sich selbst ermächtigende ›parademokratische‹ Repräsentanten«.

Der Staat kommt dieser Entwicklung entgegen. Seine spezifisch europäische Geschichte beginnt bei Hobbes mit *protection and obedience*, also Schutz und Gehorsam, und endet heute mit *overprotection* im Daseinsfürsorgestaat – *nudge* heißt das einschlägige Stichwort: der Schubser in die richtige Richtung. Früher hat der Staat die Menschen vor Gefahren geschützt; heute werden wir, so die schöne Formulierung von W. van den Daele, vor der »Gefahr, Gefahren nicht zu erkennen«, geschützt. Genau wie die sozialistischen Emanzipationsprogramme neigt auch eine Politik, die die Menschen vor sich selbst schützen will, zum Paternalismus und behandelt sie als unmündig.

Neben den ökologischen Sorgen und den wohlfahrtsstaatlichen Ansprüchen gibt es noch einen dritten Faktor der Remoralisierung unserer Politik. Mit dem Ende des Ersten Weltkriegs setzt ein politischer Moralismus ein, der durch seine Praxis der Tribunalisierung radikal mit dem neuzeitlichen Begriff des Politischen bricht. Nun gibt es wieder gerechte Kriege und ungerechte Feinde, die eigentlich schon als Verbrecher behandelt werden. Mit anderen Worten: Wenn man den Krieg aufgrund seines unvergleichlichen Ausmaßes nicht mehr als politische Möglichkeit akzeptieren kann, setzt die Moralisierung durch einen diskriminierenden Kriegsbegriff ein. Das impliziert auch, dass Staatsräson und Realpolitik ein negatives Vorzeichen bekommen. Das gilt bis zur Gegenwart.

Wo ist unser historischer Ort? Hegel sah seine Gegenwart am Ende der Geschichte angelangt. Der Fortschritt im Bewusstsein der Freiheit hat im Staat als der Wirklichkeit des Vernünftigen sein Ziel erreicht. Doch schon Nietzsche macht die Gegenrechnung auf: Wir leben im Zeitalter des »letzten Menschen«, dem die Obrigkeit ein »Gehäuse der Hörigkeit« präpariert hat, dessen schicksalhafte Bürokratie dann das Lebensthema Max Webers wurde. Die Rechte spricht von »sekundären Systemen« (Hans Freyer) und kultureller Kristallisation (Arnold Gehlen), die Linke nennt es »verwaltete Welt« (Theodor Adorno). Von Heidegger philosophisch überhöht heißt das Gehäuse der Hörigkeit »Gestell«, und Helmuth Schelsky spricht nüchterner vom technischen Staat. Es ist aber leicht zu erkennen, dass dies nur verschiedene Namen desselben Sachverhalts sind: Nichts geht mehr – wir leben im Posthistoire.

Max Weber und Carl Schmitt hoffen noch auf die Sprengung dieses stahlharten Gehäuses. Ein

Schlüsselbegriff Webers lautet Außeralltäglichkeit, und die schreibt er nicht nur dem prinzipiell nicht institutionalisierbaren Charisma des wahren Führers, sondern auch der intimen Erfahrung erotischer Exaltation zu. Dem entspricht bei Schmitt die Faszination durch den Ausnahmezustand. So heißt es in seiner *Politischen Theologie*: »In der Ausnahme durchbricht die Kraft des wirklichen Lebens die Kruste einer in Wiederholung erstarrten Mechanik.« Man mag das heute als romantische oder gefährliche Nostalgie einschätzen – anschlussfähig ist es nicht.

Wir müssen anders ansetzen, nämlich bei den Prozessen der Entpolitisierung, Entdifferenzierung und Remoralisierung – also beim Kampf gegen das eigentlich Politische, das schon in der Definition der Situation steckt: Was ist das Problem? Wie ist die Lage? Um diese Fragen zu beantworten, kann die Politik nicht auf das Wissen warten. Das bedeutet aber, dass man politische Urteile nicht beweisen, sondern nur bewähren kann. Denn es gibt keine Tatsachen im Politischen. Und was man in der Politik als Fakten behandelt, sind immer Konstruktionen von interessierter Seite. Deshalb hat Max Weber Augenmaß und Verantwortung gefordert. Das sind Grundbegriffe einer Kritik der politischen Urteilskraft.

Die Geschichte der Bundesrepublik war bis zur Jahrtausendwende durch einen verantwortungsbewussten Reformismus geprägt. Davon kann heute nicht mehr die Rede sein. Nicht nur die Protestbewegungen, sondern auch öffentlich-rechtliche Medien und Gesinnungspolitiker wollen den gordischen Knoten gesellschaftlicher Komplexität mit Moral durchhauen. So kollabiert die Differenz zwischen Politik und Moral im politischen Moralismus von heute. Das ist der Grund für den Niedergang der Debattenkultur und die Ohnmacht der Argumente. Denn das Moralisieren macht jede Verständigung unmöglich.

Man muss kein Dialektiker sein, um zu erkennen, dass die Moralisierung der Politik eine Politisierung der Moral impliziert. Diesen Prozess der Entdifferenzierung hat der Philosoph Hermann Lübbe so charakterisiert: »Die Moral, die ihren Unterschied von der Politik nicht erträgt und ihn aufzuheben versucht, zerstört damit lediglich jene Schranken, jenseits derer die Politik einen totalen Charakter annimmt.« Im Klartext heißt das: Der politisierten Moral entspricht eine totalitäre Politik.

Das Syndrom des politischen Moralismus lässt sich auf die Formel bringen: Je schwächer der gesunde Menschenverstand, desto stärker die Gesinnung. Und wo Gefühle statt Argumente die Debatten bestimmen, kommt es ganz unvermeidlich zur Verteufelung der Andersdenkenden. Alle Sachfragen geraten in den Sog moralistischer Polemik, und so wird heute ganz selbstverständlich der politische Gegner als unwählbar behandelt. Im Extremfall, der leider immer häufiger eintritt, sieht der politische Moralist im politischen Gegner einen Unmenschen. So wird die Exkommunikation wieder aktuell – als sozialer Boykott.

Die politische Szene, nicht nur in Deutschland, aber hier vor allem, wird zunehmend von der bornierten Gewissheit und Selbstgerechtigkeit eines von Angst legitimierten moralischen Urteils geprägt, in dem immer auch die Sanktion der Missachtung des Andersdenkenden spürbar ist. Wenn Politik auf Moral reduziert wird, disqualifiziert man den politischen Gegner als unmoralisch, und das heißt, man grenzt ihn aus der Politik aus. Der Soziologe Niklas Luhmann bemerkt dazu: »Wer sich moralisch engagiert hat, kann schwer nachgeben, weil seine Selbstachtung auf dem Spiel steht.« So wird das Polemische der Politik von der Moral ins Inquisitorische gesteigert. Es geht nicht mehr um die Sache, sondern um Identität.

Die antike Kontrastfolie

Den antiken Begriff »Polis« lässt man am besten unübersetzt. Er meint weder den Staat im modernen Sinne noch die Nation. Und auch Übersetzungen mit »Vaterland« oder »bürgerliche Gesellschaft« verdecken mehr, als sie erhellen. Oswald Spengler hat die Polis einmal als das »Ideal des Staates als Statue« bezeichnet; das sollte den homogenen, übersichtlichen, aber partikularistischen Charakter dieser Gemeinschaftsform hervorheben: nach innen zunftartig geschlossen, nach außen im permanenten Kampf aller gegen alle. Für die Bürger der Polis sind Religion und Politik, Recht und Moral noch nicht voneinander getrennt. Dem entspricht, dass die Bürgerschaft nicht nur in der Polis lebt, sondern selbst ihre Verfassung ist. Nicht nur in der Polis leben, sondern sie sein – das hat Nietzsche das »Stadt-sein« der antiken Griechen genannt. Jeder Bürger ist hier repräsentativ für das Ganze.

Die durch Aristoteles berühmt gewordene Definition des Menschen als Zoon politikon muss man zunächst einmal in diesem Zusammenhang einer Öffentlichkeit der antiken Existenz in der

Polis verstehen: Ich bin meine öffentliche Erscheinung. Die antike Polis ist also der Raum des Auftretens, des Erscheinens der Bürger vor ihresgleichen. Was dann durch das christliche Verbot der Exzellenz und des Stolzes diskriminiert worden ist, steht für das antike Menschsein im Zentrum, nämlich das öffentliche Hervorragen des Einzelnen. Immer der Erste zu sein und vorzustreben vor anderen – das ist die Formel der agonalen Existenz. Agon heißt Streit und Wettkampf, also eine Gegnerschaft ohne Feindschaft. Auf dem Marktplatz, der Agora, traten die Griechen in rhetorische und athletische Wettkämpfe ein, um sich zu unterscheiden und auszuzeichnen. Sich mit anderen zu messen, war die einzig akzeptierte Form der Selbstdarstellung. Die Griechen hatten also auch ein agonales Verhältnis zu sich selbst.

Das setzt voraus, dass die anderen die Arbeit tun – also Sklaverei. Hannah Arendt formuliert: »Politik fing an, wo Sorge um das Leben aufhörte.« Politik war für die Griechen eine Seinsweise. Christian Meier spricht in diesem Zusammenhang von »bürgerlicher Gegenwärtigkeit«: Alles ist personen- und situationsbezogen. Die Bürger hatten alle politischen Dinge selbst in der Hand. Politisches Leben im eigentlichen Sinne war für die Griechen nur das Leben des aktiven Bürgers in der Stadt. In ihr könne der Mensch seine höchsten Möglichkeiten verwirklichen, so Aristoteles.

Das politische Leben ist das Leben des freien Stadtbürgers, und die Polis ist die Gemeinschaft der Freien: *koinonía ton eleuthéron*. Entscheidend ist nun aber, dass sich diese Freien mit Haut und Haaren von der Polis konsumieren lassen und individuelle Freiheit in unserem modernen Sinne gar nicht kennen. Jacob Burckhardt spricht von der »Hingebung der ganze Existenz« und charakterisiert diese Unentrinnbarkeit der Polis scharf als »Staatsknechtschaft des Individuums«. Der Bürger gehört der Polis.

Wie lässt sich dieser Widerspruch von Freiheit und Knechtschaft auflösen? Die Definition des Menschen als Zoon politikon versteht man nur, wenn man sich klar macht, was Aristoteles unter der Natur eines Wesens versteht: Natur ist der Zustand, den ein Einzelnes erreicht, wenn seine Entwicklung zum Abschluss gekommen ist. Der Naturzustand ist also das Ziel. Nur in diesem Sinne lässt sich davon sprechen, dass der Staat »von Natur« existiert und dass der Mensch »von Natur aus« ein staatenbildendes Wesen ist. In der *Politik* des Aristoteles findet sich die berühmte Formel »anthropos phýsei politikon zoon«. Zu Deutsch: Menschsein heißt in der Polis leben – und wer dies nicht tut, ist entweder ein Tier oder ein Gott. Wenn aber die Polis die Natur des Menschen verwirklicht, dann müssen wir uns das Glück als bürgerliche Praxis vorstellen. Es kann deshalb auch nicht überraschen, dass die alten Griechen Erziehung in aller Unbefangenheit als Züchtung verstanden. Der Mensch ist das Kunstwerk der Polis.

Die berühmtesten Sätze über die Polis und den antiken Bürger finden sich schon am Anfang der *Politik* des Aristoteles. Olof Gigon übersetzt missverständlich, »dass der Staat zu den naturgemäßen Gebilden gehört und dass der Mensch von Natur ein staatenbildendes Lebewesen ist«. Im griechischen Original lautet die Stelle: »hoti ton physei hä polis esti, kai hoti anthropos physei politikon zoon«. Man müsste also übersetzen, dass die Stadt zu dem gehört, was von Natur ist, und dass der Mensch von Natur das in der Stadt lebende Wesen ist. Die Polis macht den Menschen erst zum Menschen im eigentlichen Sinne, sie ist das Potenzial seines Seinkönnens. Insofern ermöglicht die Polis dem Bürger das beste Leben.

Für Aristoteles erreicht ein Wesen seinen Naturzustand also erst am Ende seiner Entwicklung. Dass der Mensch von Natur ein Zoon politikon sei, zeige sich eben im freien bürgerlichen Leben der Polis. Hobbes sieht das ganz anders, der Mensch müsse alles daransetzen, um sich vom Naturzustand zu befreien. Natürlich weiß auch Aristoteles, dass es bei der Organisation der Polis zunächst um gegenseitigen Beistand, um Verkehrs- und Wirtschaftsvereinbarungen geht. Doch der Stadtstaat hat ein Ziel und einen

Zweck, die weit über eine Schutz- und Komfortgemeinschaft hinausreichen. Politeia ist die Sorge um die Tugend, eine Kultur des guten, edlen Lebens – »zunächst um des bloßen Lebens willen entstanden, dann aber um des vollkommenen Lebens willen bestehend«. Das gute Leben lässt sich demnach nicht auf Selbsterhaltung reduzieren. Es erfordert die gute Gesellschaft, die gleichsam als Transzendenzbegriff der klassischen politischen Philosophie fungiert – die von Natur aus richtige politische Ordnung.

Die aristotelische Unterscheidung zwischen dem Entstehen der Polis um des Überlebens willen und ihrem Bestehen um des vollkommenen Lebens willen ermöglicht es auch heute noch, den aus der Not des konfessionellen Bürgerkriegs geborenen modernen Staat, dessen theoretische Grundlagen von Hobbes gelegt worden sind, von der guten Gesellschaft abzuheben. Wir können hier nicht verfolgen, wie aus dem Zoon politikon schon bei Seneca und dann bei Thomas von Aquin das *animal socialis* wird, werden diesem aber in der Gesellschaftstheorie Rousseaus wiederbegegnen.

Um 400 v. Chr. bietet Thukydides in seinem Werk über den Peloponnesischen Krieg ein ganz anderes Bild von der griechischen Politik. Vergleicht man es mit der politischen Philosophie des Aristoteles, so könnte man von einer politischen Wirklichkeitswissenschaft im Gewand der Geschichtsschreibung sprechen. Der Melier-Dialog des Thukydides ist das erste Dokument der Staatsräson, das die Eigengesetzlichkeit der Macht offenbart. Werner Jaeger zeigt, wie Thukydides bei der Erforschung der Ursachen des Peloponnesischen Krieges auf einen medizinischen Ursachenbegriff, nämlich *próphasis*, zurückgreift, um die wahren Ursachen von den bloßen Symptomen zu unterscheiden. Das bedeutet, dass er bewusst nicht moralisch-rechtlich urteilen will. Thukydides gelingt so die Emanzipation des politischen Urteils aus der Einsicht in die Unmöglichkeit, moralische Maßstäbe an die Geschichte anzulegen. Wolfgang Schadewaldt nennt Thukydides deshalb den »Entdecker der geschichtlich-politischen Realität«; er wird damit zum wichtigsten Vorläufer Machiavellis.

Im Melier-Dialog legt Thukydides in aller Nüchternheit die Prinzipien der Realpolitik offen. Der Schlüsselbegriff lautet hier *ta dynaton*, das Mögliche. Gemeint ist das, was in einer konkreten Situation für jeden klar denkenden Menschen möglich ist – und eben nicht das, was gerecht wäre. Hinter dem realpolitisch Möglichen treten das Recht und die Moral zurück.

Überall, wo er die Macht hat, herrscht der Mensch nach dem Zwang der Natur; der Stärkere setzt sich durch, der Schwächere muss sich fügen. Und nur bei ausgeglichenen Kräfteverhältnissen kommt das Recht zum Zug. Den hoffnungslos unterlegenen Meliern, die noch auf Billigkeit und den zukünftigen Beistand von Bundesgenossen hoffen, halten die Athener entgegen: »Wir preisen euch glücklich wegen eurer naiven Unkenntnis alles Bösen, beneiden euch aber nicht um eure Torheit.« Das ist Klartext.

Thukydides ist deshalb für Nietzsche die große Gegenfigur zu Platon. Während Platon vor der Wirklichkeit in die Idee flüchtet, zeigt Thukydides »Muth vor der Realität« und wird, neben Machiavelli, für Nietzsche zum Vorbild »durch den unbedingten Willen, sich Nichts vorzumachen und die Vernunft in der Realität zu sehn« – nämlich jenseits von Mythos und philosophischer Abstraktion. Und auch Thomas Hobbes hat viel von Thukydides gelernt; er hat ihn ins Englische übersetzt und sich immer wieder an seiner Art, Geschichte politisch zu interpretieren, orientiert.

Die Bezugsgrößen unseres Themas sind also, trotz Hegel, nicht in der politischen Philosophie, sondern in einer politischen Wirklichkeitswissenschaft von Thukydides bis Max Weber zu finden sind. Das darf nicht dazu verleiten, Thukydides' Aktualität zu behaupten. Zu groß ist die Kluft, die uns von der klassischen Antike trennt. Sie dient uns lediglich als Kontrastfolie.

Denn die Moderne hat einen völlig anders gearteten Wahrheits- und Wirklichkeitsbegriff. Der Kosmos der alten Griechen war präsent: Wahrheit als Unverborgenheit. Die Schöpfungsordnung des Mittelalters war transparent: Offenbarung. Die moderne Welt ist perspektivisch. Ihr Cogito, ihr transzendentales Ich ermächtigt die Fantasie, das Genie und seine absoluten Setzungen; sie will frei anfangen und variieren. Hans Blumenberg hat für diese Zäsur ein sehr prägnantes Paradigma gefunden. Der Himmelsbetrachter, also die Figur, die in der Antike für Theorie schlechthin einsteht, wird durch das Planetarium ersetzt, das uns allen einen präparierten, »technisch simulierten Sternenhimmel« zeigt.

Die Neuzeit steht nicht im Zeichen der Beobachtung, sondern der Konstruktion; sie sucht keinen natürlichen Weltzugang, sondern einen künstlichen. Kulturkritisch wurde das unter dem Titel »Entfremdung« diskutiert. Doch die Rechtfertigung der Neuzeit sieht gerade in dieser Entfremdung den Startmechanismus der Freiheit. Mit anderen Worten: Die moderne Emanzipation des Individuums ist ein Nebeneffekt der Technisierung. Die Wissenschaften der Neuzeit entdecken nicht die Wahrheit, sondern sie sondieren die Welt mit Simplifikationen; sie repräsentieren die Welt nicht, sondern schreiben Konstruktionen in sie ein. Neuzeitliche Technisierung heißt, dass man von den Eigenqualitäten der Dinge abzusehen lernt und sie einem souveränen Konstruktionsprozess unterwirft.

Die Natur kommt dem neuzeitlichen Menschen also nicht mehr freundlich entgegen. Die Welt zeigt sich ihm nicht mehr von sich her. Man muss vielmehr umgekehrt sagen, dass die Selbstbehauptung des Menschen gegen die Natur als den absoluten Feind das Wesen der modernen Technik ausmacht. Sie ist prinzipiell Angriff, oder doch zumindest Prävention. Und die Begriffe, die sie implementiert, sind sämtlich selektive Vorgriffe. Wenn das Wesen versperrt, die Welt fremd und Gott fern ist, muss der Mensch durch technische Erkenntnis und poietisches Handeln eine zweite Natur schaffen, in der sich leben lässt. Seine Maschine ist der kleine Kosmos, der dem technischen Willen des Menschen gehorcht. Damit aber entzweit sich der schöpferische Mensch mit der Schöpfung Gottes. Als Ingenieur ist er, wie Oswald Spengler sagt, der »kleine Schöpfer wider die Natur«. Die antike Hybris wird in die moderne Kreativität umgewertet.

Doch wie entsteht der moderne technische Wille im Gegensatz zum agonalen Willen der Antike? Formelhaft gesagt: aus dem Verlust des Weltvertrauens. Der neuzeitliche Prozess der Technisierung und das Projekt der Aufklärung sind Reaktionen auf den Verlust von Gewissheiten und traditionellen Ordnungsvorstellungen, für die Begriffe wie Kosmos und Schöpfung stehen. In der Perspektive einer Geistesgeschichte der Technik, wie sie Hans Blumenberg skizziert, ist die schöpferische Zerstörung der Welt nur als Antwort auf die »Zerstörung des Weltvertrauens« zu verstehen. Und selbst die extremste Bewusstseinsform der Moderne, der Nihilismus, lässt sich dann als Selbstbehauptung durch technischen Konstruktivismus interpretieren. Welche Folgen das für die Politik hat, wird erstmals bei Machiavelli deutlich.

Machiavelli und die Selbstbehauptung des Politischen

Das italienische Trauma von 1494, der Beginn der italienischen Kriege, wird für Machiavelli zum persönlichen Trauma: Die Medici werden aus Florenz vertrieben, ihr Palast geplündert, und der fanatische Bußprediger Savonarola übernimmt die Macht. Kurz darauf nimmt der französische König Karl VIII. Florenz ein. 1513 schreibt Machiavelli sein berühmtestes Werk *Il Principe*, nachdem er alle seine politischen Ämter verloren hatte – und vielleicht muss man ja außerhalb der Praxis stehen, um eine Theorie der Politik zu formulieren. Er stirbt im Jahre des Sacco di Roma, der barbarischen Plünderung Roms durch die Truppen von Karl V., 1527.

Machiavellis Gestalt mehr noch als sein Werk *Il Principe* ist ein Mythos – und zwar bis zum heutigen Tag vor allem ein negativer. Der Begriff Machiavellismus wirkt unverändert als eines der mächtigsten Propagandaschlagworte. Es wird sich jedoch zeigen, dass Machiavelli, ähnlich wie Epikur für das Christentum, für den Humanismus ein Phantomgegner war und ist. Über Machiavelli liegt der Schatten des politischen Moralismus. Er hat den Moralismus als politische Waffe durchschaut, und man hat es ihm bis heute nicht verziehen. So ist er zum Sündenbock der politischen Heuchler und der sentimentalen Humanitaristen geworden. Sie haben seine Lehre als narzisstische Kränkung empfunden.

Machiavelli war kein Machiavellist. Das wird deutlich, wenn man sich die einfache Frage stellt, ob man eine Lehre von den Herrschaftsgeheimnissen publizieren kann. Es bedarf keiner logischen Raffinesse, um zu erkennen, dass es geheim gehalten werden muss, dass etwas geheim gehalten wird. Machiavelli dagegen plaudert die Betriebsgeheimnisse der Politik aus. Insofern steht er klar auf der Seite der Aufklärung. Er weist die unvermeidlichen ethischen Paradoxien der Politik auf – und ist dafür moralisch verurteilt worden. Niklas Luhmann bemerkt dazu: »Die Hauptsünde von Machiavelli dürfte demnach nicht in seinen Gedanken gelegen haben, sondern darin, dass er sie hat drucken lassen. Denn die Publikation eines Wissens, das seiner Natur nach auf Geheimheit angewiesen ist, wirkt selbstdestruktiv.«

Wäre Machiavelli Machiavellist gewesen, dann hätte er seine Überlegungen nicht in aller Offenheit dargelegt. Ein Machiavellismus, der verkündet wird, widerspricht sich selbst. Carl Schmitt stellte zu Recht fest, dass Machiavelli, wenn er ein Machiavellist gewesen wäre, einen Antimachiavelli geschrieben hätte. Und genau das hat Friedrich II. getan – man kann das im Nachhinein geradezu als machiavellistische Raffinesse bewundern. Am Ende seines Lebens schreibt Friedrich II. dann aber in aller Offenheit: »Es tut mir leid, aber ich bin gezwungen zu gestehen, dass Machiavelli recht hat.«

Wenn wir Machiavelli auf die Seite der politischen Aufklärung stellen, dann im Sinne von Nietzsches Definition der »Aufgabe der Aufklärung, den Fürsten und Staatsmännern ihr ganzes Gebaren zur absichtlichen Lüge zu machen, sie um das gute Gewissen zu bringen«. Diese Umwertung des Machiavellismus zu einer Verantwortungsethik, die sich die Emanzipation der Faktizität auf die Fahnen schreibt, markiert die äußerste polemische Gegenposition zum politischen Moralismus.

Für Nietzsche war der Machiavellismus »der Typus der Vollkommenheit in der Politik«, der aber, weil »übermenschlich, göttlich, transscendent«, »von Menschen nie erreicht« werde. Er vergleicht *Il Principe* nur noch mit Thukydides in dem »unbedingten Willen, sich nichts vorzumachen und die Vernunft in der Realität zu sehen«. Der Spur Nietzsches folgend hat Max Weber Machiavellis »Rücksichtslosigkeit des Blickes in die Realitäten« gerühmt. Aber auch ein zeitgenössischer Philosoph der politischen Linken, Michel

Foucault, lobt Machiavelli als einen »der wenigen, die die Macht des Fürsten im Kontext von Kraftverhältnissen analysiert haben – darin liegt ja der Skandal seines ›Zynismus‹«.

Zur Emanzipation der Faktizität und der Analyse von politischen Kraftverhältnissen gehört vor allem der nüchterne, rücksichtslose Blick auf die Natur des Menschen. Machiavelli gehört zu den ersten Moralisten – und das sind wohlgemerkt nicht die Vertreter, sondern die Kritiker des Moralismus! –, die davon ausgehen, dass die Natur des Menschen selbst das Verständnis der Natur des Menschen blockiert. Das wird plausibel, wenn man sich die anthropologischen Grundannahmen von Machiavelli vergegenwärtigt. Sie sind durchaus zeittypisch, und Hugo Ball hat sie so zusammengefasst: »Die Überzeugung, dass der Mensch von Natur böse, verworfen, Bestie, Pöbel ist (statt hinfällig, unwissend, schwach und emanzipationsbedürftig), diese Auffassung gilt dem konstruierenden Staatskünstler der Renaissance und des anschließenden Absolutismus als Begründung dafür, dass er die zu organisierende Menschenmenge als ein zu bevormundendes, bösartiges Material ansieht, dem gegenüber alle Mittel erlaubt sind.«

Der Mensch ist nicht in eine wohltätige Natur eingepasst, sondern exponiert und ungeschützt; ständig muss er Gefahren gewärtigen, sich durch Antizipation und Prävention auf eine ungewisse

Zukunft einstellen. Die anthropologische Dialektik liegt nun darin, dass der Mensch, um sich selbst zu erhalten, einen Willen zur Macht entwickeln muss, mit dem er auf andere und deren Besitz übergreift. Das lässt ihn als von Natur aus böse erscheinen. Sein Leben lang wird er von einem unersättlichen Begehren getrieben, das ihn konstitutionell unzufrieden und unruhig macht. Dieses spezifisch menschliche Übel, seine endogene Unruhe und sein unersättliches Begehren, heißt bei Machiavelli *ambizione*, und es zeigt sich im Streben nach Ruhm und Ehre, in der Lust am Wettbewerb.

Der Mensch ist also nicht von Natur aus böse, sondern ein Sklave seiner Affekte, die ihn böse machen, wenn sie nicht vom politischen Genie gebändigt werden. Und hier wird Machiavellis Anthropologie politisch: Die menschlichen Affekte sind berechenbar. Der Fürst nutzt die Begierden der Menschen, um zu regieren. Seine Maxime lautet: Handle so, als ob die Menschen bösartig seien! Menschen sind von Natur »böse« – im Sinne von neidisch, misstrauisch, unzufrieden, undankbar, aggressiv. Aber sie sind formbar, man kann ihnen das Gute abzwingen, nämlich durch Erziehung und Institution. Die große Lehrerin ist die Angst.

Machiavelli überträgt diese anthropologischen Überlegungen auch auf den »großen Menschen« Staat, der ebenfalls durch ein Unruhe-Prinzip charakterisiert wird. Die Stichworte lauten: *mutazioni*, *variazioni, alterazioni*. Man könnte das als Positivierung des Opportunismus bezeichnen: Der Staat gewinnt seine Stabilität durch Variation. Deshalb lobt Machiavelli, vor allem in den *Discorsi*, die Zwietracht und den Streit; und was er über die guten Wirkungen der Parteikämpfe schreibt, nimmt schon vieles vorweg, was der Soziologe Georg Simmel über die konstruktive soziale Rolle des Konflikts gesagt hat. Streit ist gesellschaftlich produktiv.

Neben seinen anthropologischen Grundüberzeugungen ist für das Verständnis des machiavellischen Politikbegriffs sein Verhältnis zur antiken politischen Theorie von besonderer Bedeutung. Er bewundert die klassische Antike, kritisiert jedoch die klassische politische Philosophie. Er beendet die Vormachtstellung der antiken politischen Philosophie und erweist sich damit als Repräsentant der neuzeitlichen Aufklärung, verweist jedoch ständig auf antike Vorbilder.

Dabei ist vielleicht keine große Theorie entstanden. Aber man könnte eben auch sagen, dass gerade der Verzicht auf ein großes Theoriedesign Machiavelli groß gemacht hat. Er verzichtet auf einen prophetischen Gestus. Stattdessen gibt er Beispiele aus der Geschichte, weil es im Entscheidenden immer um unberechenbare Zufälle geht. Beispiele aus Antike und Moderne sollen erhellen, was man durch Vernunftgründe nicht demonstrieren kann. Machiavellis wichtigste Ressource ist seine Kenntnis der Taten großer Männer. Das Studium der Geschichte exzellenter Männer rät Machiavelli denn auch dem Fürsten an. Die Orientierung an antiken Mustern dient ihm vor allem zur Emanzipation vom Mittelalter. Er bricht also nicht nur mit der antiken, sondern auch mit der scholastischen Tradition.

Im Grunde denkt Machiavelli nicht anders als die griechische Klassik, aber mit umgekehrten Wertvorzeichen. Er schließt nicht an Sokrates, sondern an Trasymachos (aus Platons *Politeia*) und Kallikles (aus Platons *Gorgias*) an, wenn er das Gerechte im Nutzen des Stärkeren findet und nur eine Wahrheit anerkennt, die wehrhaft ist. Die sophistische Rhetorik ist der Inbegriff aller machiavellistischen Machttechniken. An die Stelle von Platons Philosophenkönig tritt der von Machiavelli ersehnte Fürst, der absolute Herrscher, dessen Macht im Dienste Italiens aus der Perspektive der klassischen politischen Philosophie nur als nihilistisch erscheinen kann. Das verträgt sich durchaus damit, dass *Il Principe* eine absolutistische, die *Discorsi* dagegen eine republikanische Botschaft transportieren. Denn absolute Herrschaft wird notwendig, wenn das *vivere politico*, das politische Leben im antiken Sinn, nicht mehr möglich ist. Dolf Sternberger bemerkt deshalb zu Recht, dass die römische Republik für den patriotischen Italiener »das verlorene Paradies« gewesen ist.

Machiavelli vollzieht einen radikalen Bruch mit der philosophischen Tradition. Es widerspricht seinen anthropologischen Grundüberzeugungen, im Menschen das Zoon politikon des Aristoteles zu sehen. Das politische Reich des Möglichen muss gegen die Natur und die Tradition erkämpft werden; alles, was mit Macht zu tun hat, ist künstlich. Die aristotelische Unterscheidung zwischen dem bloßen Leben und dem guten Leben ergibt für Machiavelli politisch keinen Sinn. Er schaltet den Zweckbegriff der klassischen politischen Philosophie, also das gute Leben und das *summum bonum*, das allgemeine Beste, aus der Politik aus und ersetzt ihn durch Machtrationalität.

Mit Machiavelli beginnt das, was Robert Spaemann »Inversion der Teleologie« nennt. Gemeint ist die Philosophie der reinen Selbsterhaltung ohne höheres Ziel. Das gilt für den Einzelnen genauso wie für den Fürsten: Der Einzelne hat die Aufgabe, am Leben zu bleiben; der Fürst hat die Aufgabe, an der Macht zu bleiben. Es handelt sich hier nicht um einen Verlust, sondern um einen bewussten Verzicht auf die Idee vom guten Leben und die Idee vom wahren Staat. An die Stelle des guten Lebens tritt die Sorge um das Überleben, und an die Stelle des wahren Staates tritt der erfolgreiche Machterhalt. Dass Machiavelli den politischen Horizont derart beschränkt und die politischen Ziele bewusst niedriger gehängt hat, macht ihn zum Ärgernis für jeden Gesinnungspolitiker. Mit Machiavelli beginnt die Niedrigbauweise der Moderne: Horizontbegrenzung, reduzierte Ziele, abgesenkte Standards. Wie dann auch auf allen anderen Feldern der neuzeitlichen Kritik, beschränkt man die Fragen, um Antworten überhaupt erst möglich zu machen.

Man darf diese Horizontbeschränkung nicht als Bescheidenheit der theoretischen Ansprüche missverstehen. Dazu könnte auch der Titel seines zweiten Hauptwerks verleiten: Betrachtungen über die ersten zehn Bücher des Titus Livius – nämlich über die Geschichte Roms. Aber schon der erste Satz des Vorwortes markiert den eigentlichen Anspruch. Stolz präsentiert Machiavelli seine *Discorsi* als gefährlichen, bisher unbegangenen Weg in eine *terra incognita* – einen Weg, der zu neuen Einrichtungen und Ordnungen führt: »trovare modi e ordini nuovi«. Machiavelli sieht nicht mehr die Notwendigkeit, das Revolutionäre seines Denkens als Erneuerung alter Traditionen, also als »Renaissance« zu rechtfertigen. Seine neuen, noch nie dagewesenen Ordnungen sind ganz im Gegenteil – um es mit einer auf Nietzsche gemünzten Formel Gerhard Krügers zu sagen: »eine geistige Columbusfahrt ins schlechthin Unerhörte«.

Machiavelli ist insofern ein Figuralparadigma der Neuzeit, als er das Neue neu problematisiert und bewertet. Die Griechen waren Könner, sie wussten es und waren stolz darauf. Auch bei den vorbildlichen Alten gab es immer wieder Neues. Aber für die Griechen veränderte das Neue nicht die Welt, sondern reicherte sie an – und es bestätigte das eigene Können. Mit diesem Verständnis der Technik und des Neuen musste die Neuzeit brechen. Als sich der Künstlertechniker Leonardo gegen die Allmacht Gottes und die Autorität der Antike behauptete, war das ästhetische Genie der Neuzeit geboren. Doch wohlgemerkt: Nur als Techniker konnte das Genie den Kampf gegen Religion und Tradition aufnehmen. Der Techniker ist das Figuralparadigma der Neuzeit, weil er nichts hinnimmt, sondern alles erzeugt. Aus dem Phänomen wird das Produkt. Und gerade auch der Wille zur Macht ist ein technischer Wille, der das Gegebene nicht hinnimmt.

Philosophisch betrachtet entsteht Technizität durch Wahrheitsverzicht. Das technische Weltverhalten positiviert das Kontingenzbewusstsein. Nichts versteht sich von selbst, und auf niemanden kann man sich verlassen. Kontingent ist, was auch anders möglich wäre – wenn auch nicht beliebig anders; also nicht unmöglich und nicht notwendig. Das, was ist, könnte auch anders sein; alles kann geändert werden, aber nicht alles auf einmal und nichts völlig überraschend – also machen wir es anders! Wir wollen nicht das Alte verbessern, sondern etwas Neues anfangen; nicht überkommene

Probleme lösen, sondern günstige Gelegenheiten ergreifen. Das ist das Pathos Machiavellis. Alles Neue beginnt mit einer Entkoppelung.

Leo Strauss erkennt, dass Machiavelli hier als der neue Moses auftritt, der das neue Gesetz bringt. Livius ist seine Bibel, die Römer sind sein auserwähltes Volk. Moses ist für Machiavelli nicht nur der große Prophet, sondern auch der Gründer, der seinen Gesetzen, wenn nötig auch mit Gewalt, Geltung verschaffte. Machiavelli unterscheidet nicht zwischen wahren und falschen Propheten, sondern zwischen bewaffneten und unbewaffneten. Die bewaffneten Propheten (*profeti armati*) siegen, die unbewaffneten gehen unter. Das zeitgenössische Paradigma des unbewaffneten Propheten ist Savonarola, der in Florenz zwar groß predigte, aber keine politische Macht hatte und deshalb nach kurzer Zeit scheiterte. Aber auch Machiavelli selbst war – verbannt ins Exil von San Casciano – ein unbewaffneter Prophet, der keine andere Waffe als seine Feder hatte. Deshalb musste er auf Propaganda setzen, also auf die Synthese von Philosophie und politischer Macht.

Der radikale Bruch mit der klassischen politischen Philosophie macht Machiavelli frei im Umgang mit antiken Beispielen und Mustern. Das erleichtert einerseits seine Emanzipation vom Mittelalter, andererseits kann er vor diesem Hintergrund sehr souverän als Kritiker des

Christentums auftreten. Interessant ist dabei die Art seiner Argumentation: Die antiken Menschen seien kraftvoller, kühner und tapferer gewesen als die Christen, weil sie alle auf großen weltlichen Ruhm (*l'onore del mondo*) aus gewesen seien. Die christliche Erziehung dagegen lehre Demut, Duldsamkeit und Kontemplation als Weg zu Wahrheit und Heil (*la verità e la vera via*). Dieser christliche Lebensstil – und das ist das politisch Entscheidende – habe die Welt den Schurken ausgeliefert. So weit ist die Argumentation Machiavellis trivial. Doch unvermittelt wechselt er die Perspektive. Nun ist es nicht die christliche Religion selbst, sondern ihre falsche Interpretation, die den Anschein erweckt, die Erde sei verweichlicht und der Himmel kraftlos. So fragt er in den *Discorsi* ausdrücklich, ob das Christentum oder dessen falsche Auslegung schuld sei an der Verweichlichung der Welt. Wie später auch Nietzsche bekämpft Machiavelli am Christentum den Geist der Rache, konkreter: die große Schwächung der Mentalität durch Paulus' Umwertung der Werte. Dagegen sei die wahre Interpretation der christlichen Lehre eine *secondo la virtù*, die durchaus Vaterlandsliebe und die Verteidigung des Vaterlandes ermögliche. Wenn man sich dieser Volte Machiavellis nicht anschließt, bleibt aber nur das Fazit, dass es so etwas wie christliche Politik nur als Simulacrum geben kann – ein Fazit, das dann Nietzsche zieht: »In praxi treibt auch der christliche Fürst die Politik Machiavells: vorausgesetzt nämlich, dass er nicht schlechte Politik treibt.«

Aus theologischer, aber auch aus humanistischer Perspektive kann das Postchristliche an Machiavelli natürlich nur als antichristlich erscheinen. Das christliche Lebensideal wird ja durch antike Größe ersetzt. Und Größe kann auch ein Verbrechen haben. Diese Brutalität Machiavellis soll wie ein Heilmittel gegen die Verweichlichung der christlichen Welt wirken. Wenn es etwa bei Tertullian heißt: »nec ulla magis res aliena quam publica«, nichts ist uns Christen fremder als das Politische, wird der hohe Preis deutlich, den eine so interpretierte christliche Wahrheit zu entrichten hat, nämlich Dekadenz. Und es ist eben Machiavellis Projekt, diese Verweichlichung aus seiner politischen Welt austreiben.

Die Schadensbilanz ist gewaltig: Die christliche Sorge um die Seele hat uns zu politischen Krüppeln gemacht. Christliches Leben ist politisch impotent, es zerstört die bürgerliche Gesinnung. So ist unter dem Einfluss der christlichen Moral der antike Wert der *megalothymia*, der Wille zur Macht, als Ruhmsucht und Ehrgeiz denunziert worden. Statt sich gegen Unfreiheit und Unterdrückung zu wehren, sollen Leiden erduldet werden. Damit macht Machiavelli deutlich, dass man zwischen Christentum und Politik wählen muss. Entweder man investiert seine Energien in ein tugendhaftes Privatleben oder in erfolgreiches öffentliches Leben.

Aus dieser Diagnose zieht Machiavelli gerade keine laizistischen Konsequenzen, stattdessen reflektiert er sehr ausführlich auf Nutzen und Nachteil der Religion für den Staat. Er bekämpft den Machtanspruch der Kirche und instrumentalisiert die Religion als sozialen Kitt. Für ihn ist das Christentum also durchaus sinnvoll, nämlich als Zivilreligion. Als solche dient es zur Beruhigung der Leute, bewahrt Ruhe und Ordnung und ist unverzichtbar. Hier trifft Marxens Wort vom »Opium des Volkes« den entscheidenden Punkt. Politisch bedeutet das natürlich, dass der Papst nun nur noch ein territorialer Fürst neben anderen sein kann.

Die Instrumentalisierung der Religion hat eine bedeutsame Konsequenz für die Theoriearchitektur: Wenn sich die Politik von der Religion emanzipiert, kann sie sich auch nicht mehr moralisch legitimieren.

Machiavelli unterscheidet zwei Menschentypen: politische und unpolitische, befehlende und bequeme. Die einen wollen herrschen, die anderen nicht beherrscht werden; die einen suchen Ruhm, die anderen Sicherheit und Wohlergehen. Zum Herrschen gehört eine spezifisch politische Risikobereitschaft. Für Machiavelli sind nur wenige Menschen politische Wesen, es gibt deshalb nur wenige, die herrschen wollen. Die meisten wollen bloß in Sicherheit leben.

Die wenigsten wollen herrschen, aber die meisten wollen nicht beherrscht werden. Die zentrale politische Frage, die sich hier stellt, lautet: Wie kann man die Menschen beherrschen, ohne dass sie es merken? »Einige wollen: aber die Meisten werden nur gewollt«, so Nietzsche. Politik ist der Wille zur Macht, aber nicht jeder hat ihn. Oder um es mit Max Weber zu sagen: »Politik ist: Kampf.« Aber die meisten wollen nur in Ruhe leben. Nicht der Gegensatz zwischen Fürst und Republik ist deshalb relevant, sondern der zwischen Herrschern und Beherrschten. Daher können wir unser Bild von Machiavellis Politikbegriff aus den republikanischen *Discorsi* genauso gut gewinnen wie aus dem absolutistischen *Il Principe*.

Wesentliche Charakteristika des Herrschertypus lassen sich an der Gestalt des *Condottiere* ablesen, dem Söldnerführer der italienischen Stadtstaaten, die keine eigenen starken Streitkräfte aufzubieten hatten. Er ist ein *homo novus*, das heißt er kommt von unten und hat ein Reich unbegrenzter Möglichkeiten vor sich. Er bleibt persönlich unbeteiligt und stellt sich gleichsam unverbindlich dem Fürsten zur Verfügung. Insofern kann man im Condottiere das historische Figuralparadigma des souveränen, von Religion und Sitte völlig emanzipierten Individuums sehen. Aber

Machiavelli, dem unbewaffneten Propheten, geht es natürlich vor allem um den Fürsten. Der rettende Fürst, den Vergil am Beginn des Purgatoriums von Dantes *Göttlicher Komödie* und Beatrice an dessen Ende ankündigt, ist dieser bewaffnete Prophet. Seine Karriere und seine Souveränität sind einzig eingeschränkt durch die Aufgabe, die Nation zu retten.

Machiavelli wirft nun einen gleichsam biologistischen Blick auf die Politik: Was sind die Überlebensbedingungen eines Herrschers? Machiavelli orientiert sich hier an antiken Vorbildern, vor allem an Xenophons *Cyrus* und *Hiero*. Vor allem im *Hiero* sieht er das Muster einer wohltätigen Tyrannei, denn die Aufgaben der Politik sind nur durch Gewalt zu lösen. Der Fürst muss dem Dämon der Politik, nicht dem Gott der Liebe Opfer darbringen. Und nichts ist für ein Gemeinwesen bedrohlicher als ein schwacher, mitleidiger Fürst. Der neue Fürst kann nicht der tugendhafte sein, denn ganz allgemein gilt, dass der Politiker als Politiker seine persönliche Moral einklammern muss. Der Fürst ist die historische Größe, die für die Gesamtheit, für seine Nation, handelt und deshalb vom Sittengesetz suspendiert ist. Aber diese Suspension der Moral ist letztendlich nur durch politischen Erfolg zu rechtfertigen. Um es auf eine Formel zu bringen: Der neue Fürst muss die Moral und das Recht auf Distanz halten. Indem Machiavelli diesen Gedanken zu Ende denkt, konstituiert er den Eigenwert des Politischen.

Der große Politiker hat die Doppelgestalt des Gründers und Führers. Er ist der Held, der den großen Staat begründet, indem seine politische Tugend die Widrigkeiten des Zufalls bezwingt. Der Fürst Machiavellis verdrängt den Philosophenkönig Platons. Seine Legitimität besteht in dem, was Hegel in seiner Rechtsphilosophie »Heroenrecht zur Stiftung von Staaten« genannt hat. Schon in einer frühen Schrift Hegels, der so genannten *Jenaer Realphilosophie* von 1805, findet sich eine fulminante Rechtfertigung des Machiavellismus. Die Gewalt des Staatengründers ist »reine entsetzliche Herrschaft; aber sie ist notwendig und gerecht, insofern sie den Staat als dieses wirkliche Individuum konstituiert und erhält«. Der Souverän ist über die »Begriffe von gut und schlecht, schändlich und niederträchtig, Arglist und Betrug« erhaben, weil er den Staat erhält. Er »muss den Mut haben, in jedem Notfalle, wo die Existenz des Ganzen kompromittiert ist, vollkommen tyrannisch zu verfahren«.

Il Principe hat seinen metaphysischen Kern im gewaltsamen Anfang des Neuen, in der politischen Innovation. Und in der Politik kann man eben immer nur anfangen – und muss dann die Folgen tragen. Es geht nicht um das *summum bonum*, Ziel und Zweck, oder höchstes Gut, sondern um Machterhalt als Selbsterhaltung des staatlichen

Ganzen. Im Notfall, im Ernstfall des Krieges oder des Bürgerkrieges, gibt es nur ein Heilmittel: zurück zu den Anfängen – und die sind immer gewaltsam. Wir sind dann wieder mit dem Absolutismus der Wirklichkeit konfrontiert. In diesem Sinne hat Leo Strauss die Versuche Fausts, den Johannes-Prolog zu korrigieren, politisch zugespitzt: »In the beginning there was terror.« Im Anfang war der Schrecken. Die Urszene des Politischen entspricht also präzise der anthropologischen Grundgegebenheit, nämlich der ursprünglichen Exponiertheit und Ungeschütztheit des Menschen. Die pessimistische Anthropologie wird zum Epochenmerkmal der Neuzeit. Biologisch wie historisch lautet das entscheidende Stichwort: Selbstbehauptung.

Machiavelli spricht viel über Gründerfiguren. Gründer müssen stets Gewalt anwenden, um Ordnung zu schaffen – und sei es auch nur im Umgang mit der Tradition. Wie Max Weber und Walter Benjamin später, betont Machiavelli immer wieder, dass alles Recht auf Gewalt gebaut sei und alle Legitimität in Illegitimität wurzele. In der Politik spielt Gewalt also eine positive Rolle. Jede Neugründung wiederholt das Urverbrechen. Auch die römische Zeitrechnung »ab urbe condita« hat den Subtext: Am Anfang war die Gewalttat, der Brudermord des Romulus.

Wenn wir bisher von »Staat« gesprochen haben, dann nur im uneigentlichen Sinne. Denn mit dem, was wir im modernen Sinne unter Staat verstehen, haben weder die Polis des antiken Griechenland noch die *res publica* der Römer noch die *civitas terrana* des Mittelalters etwas zu tun. Auch Platons *Politeia* wird ja lediglich aus Mangel eines prägnanten Alternativbegriffs mit *Der Staat* übersetzt. Wenn wir, gerade im Blick auf Hobbes und Hegel, genauer sein wollen, müssen wir sagen: Machiavelli entdeckte das Politische, aber noch nicht den Staat. Oder um es mit Leo Strauss zu sagen: Machiavelli war der Kolumbus, der den Kontinent des Politischen entdeckte, auf dem Hobbes dann die Strukturen des modernen Staates errichten konnte.

Il Principe, dieses Produkt erzwungener Nachdenklichkeit, gehört noch ganz zum Genre des Fürstenspiegels, denn Machiavelli trennt den Herrscher noch nicht vom Staat. Der dem Staatsbegriff so ähnlich klingende italienische Begriff *lo stato* meint die Befehlsgewalt, also das konkrete Herrschaftsverhältnis. *Lo stato* ist nicht der moderne Staat, sondern eher die politische Beute. Und *arte dello stato* ist noch keine politische Wissenschaft, sondern empirische Herrschaftskunst. Das muss man im Auge behalten, wenn man Machiavelli als den Propheten des modernen Staates feiert.

Machiavelli gelingt also noch keine politische Wissenschaft des modernen Staates, aber doch schon die Begründung der Autonomie des Politischen. Die Idee einer autonomen Politik ohne transzendente Legitimation impliziert, dass die politische Herrschaft ihren Zweck in sich selbst findet. Machiavellis Entdeckung des Politischen im modernen Sinne besteht im Wesentlichen in der Erkenntnis, dass es dem Politiker immer in erster Linie um die Selbstbehauptung der Macht geht. Moderne Macht braucht kein höheres Ziel und setzt ihre Werte selbst. In der modernen Politik geht es nicht mehr um die *res publica*, sondern um den Willen zur Macht – ja, man könnte sie mit einem Begriff der neueren Systemtheorie geradezu als Autopoiesis des Willens zur Macht verstehen. Im Täuschen, Gründen und Gestalten geht der Wille zur Macht, der charakteristisch ist für das schöpferische Subjekt, weit über die bloße Selbsterhaltung hinaus. Trotzdem ist Machiavellis Fürstenspiegel noch keine Theorie der Macht, eher deren Naturgeschichte, denn im *Principe* hat sich die Macht noch nicht vom Machthaber emanzipiert.

Mit Machiavelli beginnt, was Max Weber die »Versachlichung der Macht« genannt hat. Das entscheidende Stichwort lautet: sachliche Politik. Jedoch muss die sachliche Politik auch die unvermeidliche Unsachlichkeit des Politischen übergreifen. Das ist die wichtigste Anforderung an die subtile Vernunft der politischen Strategie. Das Vernünftige ist nicht wirklich – das wird erst Hegel behaupten können –, es ist politisch. Diesem Begriff des politisch Vernünftigen entspricht die Haltung, mit kühlem Kopf die Tatsachen zu akzeptieren.

Das oberste Gebot besteht darin, den Staat zu schützen, denn der Staat ist der Schutzherr aller Werte. Deshalb sind politische Aktionen, die den Staat schützen, nicht begründungsbedürftig. Während es bei Hobbes um die Sicherheit der Bürger geht und Locke diese noch um die Sicherheit des Eigentums erweitert, interessiert sich Machiavelli einzig und allein für die Stabilität und Sicherheit des Staates. Staatsräson meint die politische Sachlichkeit, die sich nicht von persönlichen Rücksichten und Leidenschaften irritieren lässt – idealtypisch verkörpert im *homo politicus*, dem Menschen im Kampf um die Macht. Das ist der extremste Gegensatz zur Brüderlichkeitsethik.

Entsprechend denkt Machiavelli den Fürsten nicht mehr als den Landesherren, der den Frieden und die Ruhe seiner Untertanen garantiert, sondern nur noch als verantwortlich für die Bestandserhaltung der Macht. Diese jenseits von Gut und Böse operierende Staatsräson ersetzt den Staatszweck. Zu ihr gehört, was der Soziologe Niklas Luhmann mit feiner Ironie »Enklaven für unmoralisches Handeln« nennt. Für die Politik im Sinne Machiavellis ist gerade auch die skrupellose Aktion charakteristisch, denn oft liegt das Rettende im Mut zur Schlechtigkeit. Das muss man aus der Perspektive des Ausnahmezustands, also der höchsten Gefährdung, betrachten. Die Staatsräson ist die politische Kunst, den Niedergang aufzuhalten. Der politische Virtuose (*uomo virtuoso*) tritt gerade im Zeitalter der vollendeten Dekadenz auf.

Machiavelli präsentiert den politischen Kampf stets als Schachpartie mit raffinierten Tricks. Wenn wir das grundsätzlicher fassen, stoßen wir auf das spezifisch Moderne seiner Darstellung: die Emanzipation der Politik von der Moral, ihre Technisierung. Sein technisches Wissen gilt dem Irrationalen von Gefühlen und Glaubensüberzeugungen; das weist schon voraus auf Vilfredo Paretos »Residuen« der unwandelbaren Urgefühle. Um Machiavellis Diskurs mit den Begriffen Paretos zu charakterisieren: Er interessiert sich für die Residuen, also die tiefen Gefühle, nicht für die Derivationen, also die Dogmen und Rationalisierungen.

Mit der *ratio status* formiert sich eine neue Gestalt europäischer Rationalität. Die Staatsräson emanzipiert das Politische also nicht nur von der Moral, sondern auch vom Recht und macht sich damit von der Rücksicht auf Legitimitätsfragen unabhängig. Im Kern geht es bei der Staatsräson um Bestandserhaltung durch moralfreie Machtpolitik; der Staatszweck ist dann nur noch Ideologie. Für unser Thema ist entscheidend, dass eine spezifisch politische Ethik in der Staatsräson autonom wird und die Alltagsmoral durch ein Risikokalkül ersetzt. Tatsächlich wird bei Machiavelli Risikobereitschaft zu einer entscheidenden Dimension des Politischen.

Es gibt kein Außen der Politik, keine Wahrheit außerhalb der platonischen Höhle, an der sich der Fürst orientieren könnte. Paradox formuliert: Vernünftiges politisches Handeln setzt den Verzicht auf Vernunft voraus. Vor allem geht es um das Risiko des richtigen Zeitpunkts für Entscheidungen. Luhmann hat eine solche »risikobezogene Politik als eine Art naturales Experiment« bezeichnet.

Zum ersten Mal wird Politik als rein technisches Problem im Sinne des Know-how konzipiert. Es ist eine ethisch und religiös indifferente technische Vernunft, die das modern Politische prägt. Eine wertfreie, instrumentelle Vernunft erweist sich als die einzig stabile, technische Grundlage jeder möglichen Politik. Was funktioniert, hat keine Legitimationsprobleme. Hans Blumenberg hat Machiavellis Technisierung der Politik deshalb als »Ausübung von Herrschaft ohne Rücksicht auf deren Legitimität« bezeichnet. Man könnte auch von einer radikalen Säkularisierung, einem Werteverzicht der Politik sprechen. Denn der Nihilismus Machiavellis ist funktional für eine autonome Politik. Hier vollzieht sich eine konsequente und folgenreiche Umstellung des politischen Denkens von natürlich und notwendig auf artifiziell und kontingent. Der Staat wird nun als durchgerechnetes Kunstwerk, als Konstrukt verstanden. Bei Hobbes wird uns der Staat als Artefakt gleich wieder begegnen.

Eine wesentliche Dimension des Artifiziellen ist das Inszenatorische. Der Souverän muss unter anderem auch Schauspieler sein. Machiavellis buchstäblich »dramatische« Konzeption von Politik versteht politisches Handeln vor allem als Inszenierung von Autorität. Der neue Fürst spielt den Führer vor einem neuen Publikum. Und als virtuoser Schauspieler wird der *Principe Nouvo* zur Schlüsselgestalt der beginnenden Neuzeit. Die Mächtigen sind vor allem Schauspieler des Tugendhaften. So manifestiert sich für Machiavelli politische Vernunft gerade auch in der Selbstinszenierung und im Rollenspiel. Über die schurkischen Strategien in seiner Komödie *La Mandragola* heißt es bei Johannes Hösle sehr schön: »Wer sich behaupten will, muss mitspielen, wenn er sich nicht mitspielen lassen will.«

Der neue Fürst ist kein König mehr, sondern eigentlich schon der moderne CEO, der Geschäftsführer. Machiavellis politisch-soziale Strategien entsprechen genau dem, was man heute *impression management* nennt: es ist die Herrschaft, die sich selbst verschleiert. Das passt gut zu Machiavellis Begriff der politischen Vernunft: Rational ist, was das Überleben ermöglicht. Es geht um das Management von Risiken. Werner Sombart hat den

Fürsten Machiavellis deshalb zu Recht mit einem wagemutigen Unternehmer verglichen.

Am Anfang der modernen Politik steht Machiavellis Einsicht in die Ohnmacht von Sollensforderungen an die Realität. Deshalb ersetzt Machiavelli die moralische Tugend durch die politische, das heißt er orientiert die Politik an Effizienz und nicht an Ethik. Bei Machiavelli wird die Tugend komplex. Wer dagegen naiv auf seine Tugend pocht, wird leicht ihr Opfer. Das meint Nietzsche mit dem Satz: »Auch die moralische Erde ist rund!«

Bei Leo Strauss heißt Machiavelli der Kolumbus eines neuen moralischen Kontinents. Vielleicht müsste man sogar noch einen Schritt weiter gehen und ihn als den Kartografen dieses neuen Kontinents der Ethik bezeichnen. Er hat keine unmoralischen Werke vorgelegt, sondern Werke über die unvermeidliche Unmoral der Politik. Schopenhauer sieht das: »Dem Machiavelli die Immoralität seiner Schriften vorwerfen, ist ebenso angebracht, als es wäre, einem Fechtmeister vorzuwerfen, dass er nicht seinen Unterricht mit einer moralischen Vorlesung gegen Mord und Totschlag eröffnet.«

Die Moral, die für jeden Einzelnen verbindlich ist, hat keine vorrangige Bedeutung für den Staat und seinen Souverän. Denn politisch betrachtet ist es nicht rational, immer moralisch zu handeln. Wer aber nicht politisch, sondern ethisch handelt, sich also unter allen Umständen an der Idee des

Guten orientiert, wird untergehen, weil er von bösen Menschen umringt ist. Die Selbstbehauptung der Macht setzt deshalb voraus, dass der Souverän die Fähigkeit erlernt, nicht gut zu sein, wenn es die Notwendigkeit (*necessità*) erfordert. Er kann diese Fähigkeit, nicht gut zu sein, gewissermaßen ein- und aushängen. Was hier als doppelte Moral erscheint, ist die Anerkennung unauflösbarer Wertkonflikte und der Kontingenz jeder politischen Ordnung.

Das gute Gewissen ist in der Politik nur als komische Rolle verfügbar. Niklas Luhmanns Satz, Ethik habe die Aufgabe, vor der Moral zu warnen, gilt vor allem für die Ethik der Politik. Die Emanzipation der Politik von Moral ist gerade die Bedingung für eine Ethik der Politik. Das wird großartig belegt vom Begriff des *politico*, den Machiavelli ausdrücklich als Gegenbegriff zu *corrotto*, also korrupt, gebraucht. *Corruzione* – das ist der Verlust der öffentlichen, also politischen Gesinnung.

Eine Ethik der Politik muss sich an deren Medium orientieren, nämlich an gewaltgestützter Macht. Deshalb verstrickt sich Politik unvermeidlich ins Gewebe moralisch bedenklicher Mittel. Das Politische fordert in einer Formulierung Helmuth Plessners: »klug sein und jeden Menschen als Mittel verwenden« – also das genaue Gegenteil dessen, was Kant kategorisch der Privatmoral vorschreibt. Das ist der Hintergrund des berühmten

Satzes von Jacob Burckhardt, Macht an sich sei böse, aber auch des Satzes von Max Weber, Politik sei des Teufels. Man denke nur an Shakespeares Jago und Richard III., und man hat das Politische als das Teuflische vor Augen.

Machiavelli liebt den Staat, nicht die Leute. Erst der Staat macht den Menschen zum Menschen, und deshalb kann sich wahre Tugend nur im Staat entfalten. So ist es konsequent, dass Machiavelli Tugend auf die politische Tugend des Patriotismus reduziert. Den Patrioten interessiert nur ein Heil: das des Staates. Das radikale »right or wrong – our country« ist ganz im Geiste Machiavellis formuliert. Unvermeidlich gerät der politisch Handelnde in Teufels Küche. Aber die Liebe zum Vaterland ist größer als die Angst um das Seelenheil. Das gilt in erster Linie vom Fürsten selbst. Die Bereitschaft, auch das eigene Seelenheil zu opfern, verdeutlicht, dass er sich vom göttlichen Recht freistellt. Die Religion liefert keinen Beitrag mehr zu politischer Legitimation. Ob der Fürst an Gott glaubt oder Atheist ist; ob seine Handlungen von der Moral als gut oder böse beurteilt werden, spielt für seine Aufgaben keine Rolle. Machiavelli befreit damit das Politische zwar von allen theologischen und ethischen Ansprüchen, aber er konzentriert es noch ganz in der Figur des Fürsten. Bei Machiavelli geht es noch um die Souveränität des Fürsten; erst bei Hobbes geht es um die Souveränität des Staates, und das setzt die Unterscheidung von Staat und Herrscher voraus.

Machiavellis Aufklärung bringt Licht in Platons Höhle und damit ins Politische. Er versucht nicht, aus ihr heraus ins Licht der Wahrheit zu treten, denn jenseits des Politischen gibt es für Machiavelli nichts, keinen Gott und keine Seele. Es ist daher nicht überraschend, dass er fordert, das Seelenheil für das Vaterland zu opfern – ein hoher Preis. Im Kampf um die Unabhängigkeit der Republik Florenz gewinnen die Bürger eine neue Form politischer Erfahrung. Für Dieter Henrich ist es »unbestritten, dass das Bewusstsein, das sich zunächst innerhalb der Mauern italienischer Stadtrepubliken auszubilden begann, gerade eben dabei ist, die ganze Erde zu ergreifen und nachhaltiger zu verändern, als selbst die Domestizierung von Tier und Feuer es vermochten«. Hans Baron spricht in diesem Zusammenhang bescheidener von der Konstitution eines Bürgerhumanismus, Max Weber vom »Geist stolzer Diesseitigkeit«. Er drückt sich historisch konkret eben in der Liebe zu Florenz aus, die mehr gilt als das eigene Seelenheil. Der Preis, den zu entrichten Machiavelli nicht nur vom Fürsten, sondern auch von jedem Patrioten fordert, wird deutlich: Verzicht auf das eigene Seelenheil.

Der Schlüsselbegriff zum Verständnis von Machiavellis Konzeption des Politischen lautet *virtù*. Er bleibt im Folgenden unübersetzt, weil er weder sinnvoll auf den lateinischen Begriff *virtus* zurückgeführt noch mit »Tugend« übersetzt werden kann. Aus dem moralphilosophischen Begriff *virtus* wird der technische Begriff *virtù* im Hinblick auf die Selbstbehauptung von Macht. *Virtù* ist zunächst die Fähigkeit, sich im Machtkampf zu behaupten. Machiavelli charakterisiert sie als Kombination von Klugheit, Mut und Patriotismus. Ehrgeiz spielt hierbei eine ebenso große Rolle wie der Wille zur Macht, und zwar ganz unmetaphysisch verstanden als das Zupackende, das oft nahe an Wildheit (*ferocia*) grenzt. *Virtù* ist die politische Schlagkraft der Selbstbehauptung im Kampf nicht nur gegen den äußeren Feind, sondern auch gegen die verweichlichte Gesellschaft.

Mit diesem Schlüsselbegriff setzt Machiavelli die politische Tugend entschieden gegen die moralische Tugend ab. Der Gutmensch beherrscht seine Tugend nicht. Deshalb wird sie halbseitig. Die Tabuisierung der politischen Tugend wird Nietzsche die »Hemiplegie der Tugend« nennen, eine halbseitige Tugend. *Virtù* dagegen besagt: »Man ist gut, um den Preis, dass man auch böse zu sein weiß; man ist böse, weil man sonst nicht gut zu sein verstünde.« Damit trifft Nietzsche die entscheidende Implikation des Begriffs. In der politischen Tugend der *virtù* steckt die Forderung, »besser *und* böser [zu] werden«. Machiavelli muss als Lehrer des Bösen auftreten, weil die Menschen von Natur aus nicht einmal richtig böse sein können.

Der recht verstandene Machiavellismus stellt sich nicht einfach in ein Jenseits von Gut und Böse, sondern er benutzt das Gute und das Böse zur politischen Selbstbehauptung. Um es mit Nietzsche zu sagen: Das Böse »soll lernen, für uns zu arbeiten«. Die Maxime des modernen Politikers lautet deshalb: Gut sein, soweit es möglich ist, böse sein, soweit es nötig ist. Politik ist der notwendige Kompromiss mit dem Bösen. Lernen, nicht gut zu sein, heißt aber, sich von der christlichen Moral zu emanzipieren. Machiavelli lehrt das Böse als das Neue, das in die Welt gebracht werden soll. Insofern ist er tatsächlich, wie Leo Strauss sagt, »a teacher of evil«, ein Lehrer des Bösen als politischer Kunst. Man kann nämlich auch gut darin sein, schlecht zu sein. Nicht gut sein können ist keine Unfähigkeit, sondern eine Fähigkeit, die der Politiker lernen muss.

Es ist also ein Unterschied ums Ganze, ob man den Machiavellismus als böse Lehre verdammt, oder ob man Machiavelli als einen Lehrer des Bösen versteht. Das wird von der Definition der *virtù*, die Ernst Kantorowicz in seinem Buch über Kaiser Friedrich den Zweiten gegeben hat, sehr gut erfasst: »Einung von Kraft und Talent, die auch das Böse verträgt«. Diese rein politisch definierte Tugend ist, mit Nietzsches sarkastischer Formel, »moralinfrei«, und deshalb wäre es eigentlich besser, »nicht Tugend, sondern Tüchtigkeit« zu sagen. *Virtù* ist Exzellenz, die kluge, willensstarke Steuerung der Oszillation des politischen Handelns zwischen Tugend und Laster. Die traditionelle moralphilosophische Unterscheidung von Tugend und Laster wird also der politischen Tüchtigkeit untergeordnet.

Der wahre Politiker urteilt analytisch, nicht moralisch. Statt Gut und Böse unterscheidet er Nützlich und Schädlich. Ähnlich konzipierte man Politik in der Renaissance, nämlich als technisches Experiment auf der Basis empirischen Könnens. Ernst Cassirer meinte deshalb, Machiavelli sehe im politischen Kampf eine Schachpartie, bei der es nur darum gehe, »den besten Zug zu finden, den Zug, der die Partie entscheidet«. Das heißt, ein Politiker darf zwar ethisch verwerflich handeln, aber nicht dumm. Ein Verbrechen darf er vielleicht begehen, aber keinen Fehler.

Dass Machiavelli eine rein politische Definition der Tugend entwickelt und die Bedeutung der moralphilosophischen Unterscheidung von Tugend und Laster für die Politik zurückweist, darf nicht als Empfehlung für Unmoral gedeutet werden. Der Fürst verfolgt keinen unmoralischen, sondern einen amoralischen Führungsstil. In den *Discorsi* heißt es: »La bontà non basta!« Güte allein genügt nicht. Machiavelli stellt von »gut« auf

»erfolgreich« um, und *virtù* ist die Einheit der Differenz von Tugend und Laster. Wollte man sie unter vertraute Denkschemata bringen, so käme hier nur eine kasuistische Ethik infrage, in der List, Simulation und Dissimulation eine Schlüsselrolle spielen.

Machiavelli geht es im Grunde weder um die Staatsform der Republik, Thema der *Discorsi*, noch um die Staatsform der Diktatur wie im *Principe*, sondern um die Energie der politischen Selbstbehauptung. Je illegitimer eine Herrschaft ist, desto mehr ist sie angewiesen auf kühle Berechnung und intellektuelle Virtuosität. Machiavelli sucht also nicht wie die Klassiker der politischen Philosophie nach der besten Regierungsform, sondern er beschreibt und rechtfertigt, wie sich illegitime Herrschaft durch die politische Tugend der *virtù* selbst behauptet. Dabei zeigt sich: je artifizieller das Machtgebilde, desto wichtiger die persönliche Virtuosität. In der Kontingenz des Politischen, in den »variazione grande delle chose« gibt es nur noch einen Halt: die Haltung des Einzelnen.

Wie bereits erwähnt, ist der Mensch für Machiavelli von Natur kein Zoon politikon. Politisch kann nur die zweite Natur des Menschen sein – wenn ihm nämlich ein Souverän *virtù* eingeflößt hat. Wolfgang Kersting formuliert: »Der *uomo virtuoso* nähert sich den Menschen, wie sich ein Künstler seinem Material nähert.« Er ist der politische Demiurg, der sich gerade von der Kontingenz des Politischen stimulieren lässt.

Es geht also um politische Virtuosität und Gestaltungskraft, soweit sie in der Macht des Menschen steht. Der Wille zur Macht ist die schöpferische Kraft des politischen Virtuosen. Und so kann man in der *virtù* das heidnische Gegenstück zum Charisma erkennen, das in der Herrschaftslehre von Max Weber eine Schlüsselrolle spielt. Ihr Sitz ist nicht die Seele, sondern der Körper mit seinen Leidenschaften, die durch Erfahrung zivilisiert und versachlicht werden. Entsprechend gilt Aggressivität als wesentliches Moment der politischen Tugend – aber eben nur als Moment. *Virtù* ist rationalisierte, durch Sachlichkeit gebändigte Leidenschaft. Es liegt durchaus in der Logik dieser Überlegungen, dass Machiavelli weniger auf Charakterstärke als auf Institutionalisierung setzt. Tatsächlich spricht er in den *Discorsi* von einer *virtù ordinata*.

Machiavellis Lehre ist auch insofern das politische Paradigma der Renaissance, als er sich Heil und Erneuerung nur durch Zurückführung auf den Ursprung erhofft. Dazu genügt aber oft schon die *virtù* eines Mannes. Das wäre natürlich der Fürst, der Italien rettet und eint. Aber es ist zunächst einmal Machiavelli selbst, der das *principio*, das Grundprinzip der staatlichen Ordnung im *principe* findet. Machiavelli ist Patriot in einer verzweifelten Situation; es geht ihm um das Staatsheil. Und deshalb beschwört er den souveränen Fürsten als mythischen Helden, der Italien befreit und eint. Für Eric Voegelin ist diese »Apokalypse des Erlösers der unvermeidliche Höhepunkt des Glaubens an die virtù.« Durch sie schafft er eine neue Ordnung.

Gegenspielerin des politisch Handelnden ist Fortuna, die feindliche Gottheit Zufall. Sie ist für Machiavelli die einzige göttliche Instanz, sie ersetzt den spätmittelalterlichen Willkürgott, und ihre Launen ersetzen die Vorsehung Gottes. Fortuna ist bösartig und dem Menschen feindlich gesinnt, doch kann man sie bezwingen. Positiv formuliert: Sie begünstigt den tapferen, mutigen, also männlichen Mann. Im Zweifel ist es klüger, stürmisch (*impetuoso*) als besonnen zu sein, denn Fortuna ist ein Weib, das gewalttätig behandelt werden will – das man schlagen muss, um es niederzuhalten. So zeigt ein Bild von Marc Antonio Raimondi einen die *virtù* verkörpernden Herkules, der die Willkürgöttin Fortuna züchtigt, ja sogar prügelt. Bei Nietzsche wird dann die Weisheit genau das wollen, was auch Machiavellis Fortuna will: Der junge Krieger erobert das Weib. »Muthig, unbekümmert, spöttisch und sogar etwas gewaltthätig: so will uns die Weisheit: sie ist ein Weib und – liebt immer nur einen Kriegsmann.«

An die Stelle der Natur und ihrer Ordnung tritt der Zufall. Fortuna ist die Kontingenz des Politischen und damit Machiavellis Begriff für eine allgemeine Verunsicherung, eine ontologische Unsicherheit, die sich nicht auf das Risiko menschlichen Handelns reduzieren lässt. Sie steht für eine turbulente Wirklichkeit, die, solange sie unanalysiert bleibt, eben als Schicksal erscheint. Ins Zentrum von Machiavellis Begriff des Politischen rücken damit das Unberechenbare, das Unvorhersehbare und das Unverfügbare, die Risiken und Nebenwirkungen des politischen Handelns. Heute würde man von Kontingenz sprechen. Dieser philosophisch-theologische Begriff lässt sich im Rahmen von Machiavellis Theorie auf zwei Momente reduzieren: erstens, alles was ist, wäre auch anders möglich, wenn auch nicht beliebig anders. Und zweitens, etwas kommt immer störend dazwischen. Fortuna besagt, dass es keine prästabilierte Harmonie zwischen Verdienst und Schicksal gibt.

Aber der Zufall lässt der Klugheit eine Chance. Fortuna ist nämlich nur zur Hälfte die Herrin unserer Taten, die andere Hälfte überlässt sie unserer Tatkraft und Tüchtigkeit. Sie wird immer dann übermächtig, wenn es an Widerstandskraft fehlt, also an jener Robustheit, die durch die staatliche Organisation der *virtù* erreicht werden soll (*ordinata virtù*). Mit der Metapher vom Kampf zwischen Fortuna und *virtù* verabschiedet Machiavelli jede Form der Teleologie – was zählt, sind situative Klugheit und politische Urteilskraft. Mit Fortuna dringen, genauso wie mit *occasione* und *virtù*, Zeitbegriffe in die politische Theorie ein. Politische Tugend ist die Fähigkeit zur Selektion des Schicksals. Oder um es mit einem Begriff Georg Simmels zu sagen: Die Ereignisse, die mich bestimmen, werden gemäß meiner »Eigenschwingungen« ausgewählt.

Wenn man ihr entschlossen entgegentritt, bietet Fortuna uns die günstige Gelegenheit (*occasione*); sie ist die Materie, der der Mensch seine Form einzuprägen vermag. Ohne Gelegenheit wäre die *virtù* erlahmt, und ohne *virtù* wäre die Gelegenheit ungenutzt geblieben. Die günstige Gelegenheit ist Sache der Fortuna; die Erkenntnis der günstigen Gelegenheit ist Sache der *virtù*. Über den glücklichen Ausgang entscheidet auch die Fähigkeit zur Anpassung an die Zeitumstände (*la qualità de' tempi*).

Die alten Griechen kannten den Kairos als richtigen Zeitpunkt für eine Entscheidung, als die Gelegenheit, die es beim Schopf zu fassen gilt. Allerdings ist seine Begriffsgeschichte vielschichtig. Hermann Fränkel konnte zeigen, dass Kairos ursprünglich noch nicht »günstiger Zeitpunkt« bedeutete. So ist der Kairos etwa bei Pindar, also in der ersten Hälfte des 5. Jahrhunderts v. Chr.,

»die Norm der treffsicheren Wahl und weisen Beschränkung, der Sinn für das jeweils den Umständen Angemessene, Geschmack, Takt«. Aus dem den Umständen Angemessenen wird dann der günstige Augenblick und schließlich die mit List, Tücke und Tatkraft ergriffene einmalige Chance: Machiavellis *occasione*. Die Chance des richtigen Augenblicks gibt dem Politiker die Möglichkeit geistesgegenwärtiger Bewährung in der konkreten Situation. Aber es macht einen Unterschied, ob man auf den objektiv angemessenen, von sich aus günstigen Augenblick wartet oder ihn mit der Gewalt der *virtù* erzwingt. Genau um dieses riskante Zupacken der praktischen Tüchtigkeit geht es bei Machiavelli.

Das politische Können bewährt sich in einer Reaktion unter Zeitdruck. Dem entspricht die Metapher vom Gebot der Stunde, die durchaus Machiavellis Lesart des antiken Kairos-Begriffs entspricht. Gemeint ist ein Opportunismus des jeweils zu einem bestimmten Zeitpunkt Wichtigen. Wenn Werte kollidieren, muss man situativ entscheiden. Souveränität zeigt sich dann in einer situationsnahen und situationsrelativen opportunistischen Werteverwirklichung. Niklas Luhmann spricht in diesem Zusammenhang von »Operationen ohne Letztgewissheit«.

Die Wahrheit der Politik ist also kein generalisierbares Wissen, sondern ein relatives: Es geht um die richtige Antwort im richtigen Augenblick. Staatsräson ist die Rationalität des Moments. Der Historiker Friedrich Meinecke bezeichnet das als »Hingabe an den Moment«. Der antike Kairos war noch normbestimmt, die moderne *occasione* ist nur noch zufallsbestimmt. Es geht um das Glück des Tüchtigen, und das erfordert vor allen Dingen Geistesgegenwart. Nietzsche definiert sie so: »Geistesgegenwart: das heißt die Fähigkeit sich seine Worte und Handlungen durch die Umstände diktiren zu lassen, – ist also eine Fähigkeit zu lügen und zu heucheln.« Auf die politische Notwendigkeit von Lüge, Simulation und Dissimulation kommen wir gleich zurück.

Machiavellis politische Theorie ist also okkasionalistisch. Das impliziert einerseits Kontingenzbewusstsein, andererseits eine Positivwertung des Opportunismus. Der Begriff der politischen Kontingenz meint eine Betrachtung der Wirklichkeit aus der Perspektive der Notwendigkeit (*necessità*), der Möglichkeit (*occasione*) und des Zufalls (*fortuna*). Der Opportunist sucht nach der Rationalität der kontingenten Situation. Machiavelli unternimmt also den paradoxen Versuch, Maximen des politischen Handelns für eine Welt zu formulieren, in der es keinen stabilen Boden der Gewissheit mehr gibt. Das ist das Problem der Kasuistik, also einer Situationsethik, die nicht das Gute und Richtige, sondern das Passende sucht.

Neben diplomatischer Rhetorik besteht die Aufgabe des regierenden Politikers im Wesentlichen darin, zu entscheiden. Aber wie trifft man gute Entscheidungen? Machiavelli macht von Fall zu Fall eine Kosten-Nutzen-Rechnung, die den politischen Handlungsspielraum optimieren soll. Herrschen heißt für ihn in erster Linie, für Konstanz in der Turbulenz zu sorgen. Dazu braucht man historisches und empirisches Wissen. Deshalb kann es für Machiavelli eigentlich keine Politikwissenschaft geben – es sei denn eine rein empirische.

Sein Fürstenspiegel bleibt gleich weit entfernt vom antiken Ideal wie vom neuzeitlichen Prinzip, das unterscheidet ihn von Hobbes´ Staatstheorie. So heißt es in dessen Hauptwerk *Leviathan* am Ende von Kapitel XX: »Die Geschicklichkeit, Staaten zu gründen und zu erhalten, besteht wie Arithmetik und Geometrie aus sicheren Regeln und nicht, wie Tennisspielen, aus bloßer Übung.« Dagegen setzt Machiavelli auf die Schulung der politischen Urteilskraft, also die Ausrichtung des politischen Handelns an der Topik von Ort und Zeit. Wilhelm Hennis hat das »an Umständen sich orientierende, sich in ihnen beratschlagende politische Denken« als den spezifisch neuzeitlichen Charakterzug des Souveräns herausgearbeitet.

Die These, Machiavellis Theorie sei nicht unmoralisch, sondern amoralisch, lässt sich jetzt näher begründen. Für ihn ist Politik nicht wertfrei, sondern opportunistisch. Statt zu fragen, was richtig ist, fragt sie, was jetzt wichtig ist. So wird Komplexität durch den Faktor Zeit reduziert. Glück hat in der Politik, wer seine Handlungen an die Zeitumstände anpasst. Diese Form von Opportunismus würde man heute Systemrationalität nennen, wie sie der Soziologe Niklas Luhmann für die moderne Gesellschaft entwickelt hat. Seine Formel von der vorübergehenden Anpassung an vorübergehende Lagen ist durch und durch machiavellistisch. Der Systemrationalität entspricht eine Politik der momentanen Priorität und der souveränen Maßnahmen; schon morgen kann etwas anderes das Wichtigste sein. So dreht sich das Wertekarussell immer weiter, das aus der Umwertung der Werte ein operationales Kontinuum macht – den Normalfall.

Machiavellis Begriff des Politischen orientiert sich nicht am *terminus ad quem*, dem guten Leben, sondern am *terminus a quo*, das heißt der gewaltsamen Gründung von Ordnung. Er sieht im Staat die Bedingung der Möglichkeit des Zivilisationsprozesses. Der Begriff der Staatsräson begründet den reinen Machterhalt als oberstes Recht in einer feindlichen Welt. Machiavellis *terminus technicus* für den Ersatz der klassischen Orientierung am Guten lautet »*necessità*«. Die Notwendigkeiten des Staates und die Zwangsläufigkeit der Politik, die sich aus der Interdependenz der Mächte ergibt, durchbrechen jedes Sittengesetz. Kantorowicz, der in diesem Punkt den Kaiser Friedrich II. als Vorläufer Machiavellis zu erkennen glaubt, spricht gar von der »Eigengöttlichkeit des Staates«.

Machiavelli orientiert sich immer am Extremfall, in dem die Notwendigkeit die Gerechtigkeit matt setzt, und er leugnet Naturrecht. In einer extremen Situation kann von einer Wahl der Mittel keine Rede sein, weshalb der Moralismus, der darauf bestehen will, dass der Zweck die Mittel nicht heilige, ins Leere geht. Sowenig eine Regierung an Individualethik gebunden ist, so wenig ist sie auch an das von ihr gesetzte Recht gebunden. Hier ist leicht zu erkennen, dass wir es mit einer neuen politischen Rationalität zu tun haben, die sich unabhängig vom Rechtlichen gemacht hat. Der Staat hat das Privileg des Rechts zum Rechtsbruch. Carlo Schmid resümiert: »Machiavelli kennt kein autonomes Recht, das über dem Staat stünde; er kennt kein Naturrecht. Alles Recht wird vom Staate geschaffen und der Staat tut dies durch Gesetze, die er souverän erlässt.«

Ausgerechnet in den republikanischen *Discorsi* diskutiert Machiavelli die Notwendigkeit der Diktatur in außerordentlichen Lagen. In Notlagen ist man immer unter Zeitdruck, also angewiesen auf die nicht diskutierende, souveräne Entscheidung des Fürsten. Doch diese Überlegungen zum Staat im Notstand münden schon in die Konzeption eines permanenten Ausnahmezustands; die Krise ist der Dauerzustand. Dass man aus Not der Norm zuwiderhandeln muss, wird zum politischen Normalfall.

Der Begriff, mit dem Machiavelli seine Distanz zu allen Staatsutopien und Theorien der guten Gesellschaft am deutlichsten markiert, findet sich im Kapitel XV des *Principe*: der Begriff der effektiven Wahrheit. Politik muss sich an der *verità effettuale della cosa* orientieren, also an der Wirklichkeit, wie sie ist, und nicht an Wünschbarkeiten und Sollensforderungen. Ganz ähnlich spricht Pascal von der »raison des effets«, von der Vernunft der Wirkungen. Gemeint ist faktisch angemessenes Verhalten. Es gibt keine Brücke zwischen Sein und Sollen. Das »soll« blockiert das Verständnis des »ist«. Mit dem Begriff der effektiven Wahrheit verzichtet Machiavelli auf die emphatische Wahrheitsidee und präsentiert sich als ein konkreter, realistischer wissenschaftlicher Geist, für den nichts zählt, was nicht beobachtbar ist. Wenn die Wahrheit der Vernunft aber nicht identisch mit dem sachlich Angemessenen ist, muss der realistische Politiker auf die Vernunft der Wirkungen setzen. Effektivität macht Wahrheit überflüssig. Das passt zur demiurgischen Politik des Souveräns. Jacob Burckhardt schreibt über die italienischen Fürsten der Renaissance: Sie »berechnen die Leistungsfähigkeit von Freund und Feind in ökonomischer wie in moralischer Hinsicht bis ins Einzelnste; sie erscheinen als geborene Statistiker.«

Die Bedingung der Möglichkeit von Politik ist die Selbsterhaltung der Herrschaft. Doch die Legitimation einer Macht durch bloße Selbsterhaltung ist so dünn, dass der Souverän auf Hilfskonstruktionen angewiesen ist. Deshalb empfiehlt Machiavelli eine konsequente Aufwertung der Rhetorik und damit eine Positivierung des Scheins. Dem Rhetorischen ist es wesentlich, dass es nicht auf Wahrheit ankommt, sondern auf Wirkung, auf den politischen Effekt. Insofern kann man Rhetorik als die Kunst verstehen, ein Verhalten je nach Bedarf als Tugend oder als Laster darzustellen. Und entsprechend heißt, sich dem Schein zu unterwerfen, die Erkenntnis der Wahrheit in jener effektiven Wahrheit, im politischen Nutzen aufzuheben.

Eine bloß äußerliche Macht wie der Staat, der bei Hobbes irdischer Gott heißt, stützt sich nur durch *Simulakra* der Göttlichkeit und durch *Arkana imperii*: die jeder Forderung nach Öffentlichkeit und Aufklärung entgegengesetzten Techniken von Simulation, Betrug, Täuschung und Dissimulation, also Geheimhaltung. Das Geheimnis der Politik lautet, dass es keine Politik ohne Geheimnis gibt. So entsteht eine spezifisch neuzeitliche Magie des Staates. Es gibt keine staatliche Souveränität ohne Kunstgriffe und dekorative Veranstaltungen. Der Fürst soll diesen schönen Schein der Macht rechtfertigen, ohne ihm zu verfallen; er soll wissen, dass hinter der erhabenen Bilderwand nichts steht, und dennoch den Schein aufrechterhalten. Politischer Betrug will gelernt sein.

Dass die Herrschenden die Menge täuschen, belügen und betrügen, findet sich schon bei Platon legitimiert. So heißt es in der *Politeia* über die Täuschung als heilsame Arznei: »Also denen, die in der Stadt regieren, kann es zukommen, Unwahrheit zu reden, der Feinde oder auch der Bürger wegen, zum Nutzen der Stadt«. Hans Blumenberg nennt das »die Notwendigkeit der Staatsraison, die Uneinsichtigen zu belügen«. Die Lüge ist nur ein extremer Ausdruck für die Unvermeidlichkeit von Unsachlichkeit in allen politischen Entscheidungen. Auch Nietzsche bezeichnet »die Lüge als Supplement der Macht«.

Die Lüge reicht bis ins Fundament der Zivilisation zurück, deren Ordnung fiktiv ist. Das gilt gerade für die Rechtsordnung, bei der in allen entscheidenden Fällen der Akzent nicht auf Recht, sondern auf Ordnung liegt – also auf Autorität, nicht auf Wahrheit. Besonders deutlich wird das in der Diplomatie, die man als politische Diätetik der Lüge bezeichnen könnte, aber auch allgemein gilt:

Die politische Rede kann niemals die wahre Rede sein. Das legt nahe, den Unterschied zwischen guter und schlechter Politik als den Unterschied zwischen edlen und gemeinen Lügen zu definieren. Es gibt nämlich Meinungen, die zwar nicht wahr, aber dem politischen Leben zuträglich sind. Eines der zentralen und bis heute aktuellen philosophischen Probleme der Politik ist also die weiße, edle Lüge.

Cicero beschreibt in *De officiis*, wie Ungerechtigkeit zum einen durch Gewalt, zum anderen durch Betrug geübt wird, und ordnet die Gewalt dem Löwen und den Betrug dem Fuchs zu – wobei er den Betrug für noch menschenfeindlicher hält als die Gewalt. Machiavelli greift dieses Bild auf und positiviert es resolut. Der Mensch ist als »animal rationale« eben nicht nur rational, sondern auch animalisch. Als Löwe repräsentiert er Mut und Gewalt, als Fuchs steht er für Täuschung und List, Klugheit und Gerissenheit, Simulation und Dissimulation.

So sind Fuchs und Löwe die emblematischen Tiere Machiavellis, ähnlich wie später Schlange und Adler bei Nietzsche. Natürlich ist der Fuchs das interessantere Tier, steht er doch für die Qualitäten, die der Mythos schon Odysseus zugeschrieben hat: Schlauheit, List und Tücke. In Orrin Klapps Heldentypologie erscheint Machiavellis Fuchs als »smart operator«, der in einer Welt, in der es keine klaren moralischen Leitlinien gibt, durch Tricks die Oberhand behält. Nietzsche bestimmt diese Qualitäten näher: »Verstellung, Verwandlung, Erfahrung in Gegensätzen, Muthwille, Verwegenheit, Bosheit, Unbändigkeit«. Man könnte den Machiavellismus deshalb in eine Evolution der Verschlagenheit einordnen: Je höher sich die Menschen zivilisatorisch entwickeln, desto listenreicher agieren sie. So wären Lüge und Betrug, nüchtern betrachtet, Werkzeuge des Geistes, die sich evolutionär bewährt haben.

Der Fürst Machiavellis ist zugleich Mensch und Tier und als Tier zugleich Löwe und Fuchs, er muss beides sein, denn den Löwen kann man überlisten und den Fuchs überwältigen. Als solcher ist der Fürst der Idealtypus des modernen *homo politicus*, der ersichtlich nichts mehr mit dem Zoon politikon der Antike gemein hat. Die antike Erzählung, dass der Zentaur Chiron der Lehrmeister des Achill gewesen sei, deutet Machiavelli so: Der Fürst muss Mensch und Tier zugleich sein. Als Mensch sichert dieser seine Herrschaft durch das Gesetz; doch wo dies keinen Erfolg bringt, greift er als Tier zurück auf Gewalt. Interessant ist gerade der Fürst als Tier, denn auch als Tier hat er jenen Doppelcharakter: Löwe und Fuchs, der Gewaltige und der Listenreiche.

Politisch interessanter ist nun wiederum der Fuchs. Seine List reicht bis zum Wortbruch und zur Lüge. Aber entscheidend ist, dass es dem

Fürsten gelingt, seine Fuchsnatur zu verschleiern. Er muss ein großer Lügner und Heuchler sein – präziser im italienischen Original: »Essere gran simulatore e dissimulatore«. Insofern kann man den Machiavellismus als umgekehrten Platonismus verstehen: nur die Erscheinung zählt, nicht die Idee. Tugendhaft zu scheinen ist für ihn wichtiger als tugendhaft zu sein. Und das heißt eben auch: Seine Tugenden und guten Eigenschaften dürfen niemals zu Fesseln werden. »Per mantenere lo stato«, um die Herrschaft zu behaupten, muss er sich immer opportunistisch verhalten – so gut wie möglich und so böse wie nötig. Der Fürst wird eben oft genug gezwungen, nicht gut zu sein.

Das darf jedoch nicht als Empfehlung des Mittelwegs zwischen Gut und Böse verstanden werden. Gerade das wäre für Machiavelli das größte Missverständnis des Politischen. Doch die meisten gehen diesen Mittelweg, weil sie unfähig sind, entweder ganz gut oder ganz schlecht zu sein. Für Machiavelli zählt die Größe der bösen Tat; man kann in Ehren schlecht sein. Cesare Borgia, figurales Zentrum des *Principe*, der italienische Renaissancefürst, der durch seine skrupellose Machtpolitik zur schwarzen Legende wurde, dient Machiavelli hier als Vorbild. Er ist das Urphänomen der Macht, der Übermensch als Löwe und Fuchs. Cesare Borgia ist das große Lehrbeispiel dafür, wie man entweder mit Gewalt oder mit List siegt und wie man vom

Volk sowohl geliebt als auch gefürchtet wird. Im Zweifelsfall ist es besser, gefürchtet als geliebt zu sein, denn die Liebe kann der Souverän nicht erzwingen, wohl aber die Furcht. Gefürchtet zu sein darf aber niemals heißen: verhasst zu sein.

Hobbes und die Konstruktion des modernen Staates

Wie bei Machiavelli gibt es auch im Leben von Thomas Hobbes eine traumatische Erfahrung, die seine Theorie des Staates motiviert. Seine politisch-theologische Bilderwelt entspringt der Verzweiflung am konfessionellen Bürgerkrieg, dessen Grausamkeit er als genauen Ausdruck davon begreift, dass die kämpfenden Parteien im Namen des Rechts das Recht der je anderen aufzuheben trachten. Der Glaube, der sich selbst entzweite und damit den Frieden zerstörte, erweist sich als unfähig, den Ausnahmezustand auszuschalten. Denn gerade die antagonistischen religiösen Wahrheitsansprüche haben ja den Krieg aller gegen alle entfesselt.

The Wars of Truth – dieser Buchtitel von Herschel C. Baker bezeichnet prägnant den Hintergrund der Staatstheorie von Hobbes: die Kriege um Wahrheit. Der Bürgerkrieg ist Hobbes' Grunderfahrung, und er entwickelt seine Theorie deshalb vom extremen Fall, vom Ausnahmezustand aus. Der konfessionelle Bürgerkrieg lehrte Hobbes, dass gerade die Überzeugung für die Wahrheit, das Gute und Gerechte zu kämpfen, zum Krieg aller gegen alle führt. Deshalb lautet eine seiner berühmten Formeln »auctoritas, non veritas facit legem« – nicht die Wahrheit, sondern die Autorität macht das Gesetz. Leo Strauss spricht in diesem Zusammenhang von einem »grundsätzlichen Verzicht auf die Frage nach dem Richtigen und Guten«. Nach dem konfessionellen Bürgerkrieg, der von nun an als das größte Übel gilt, das hinter jeder politischen Veränderung lauern könnte, entsteht eine Sehnsucht nach Ordnung überhaupt. Friede soll durch reale Übermacht erhalten werden.

Fast gleichzeitig mit Hobbes hat Blaise Pascal denselben Gedanken aus christlicher Perspektive entwickelt. Auch für ihn ist der Bürgerkrieg das größte aller Übel, aber er leitet es aus der Erbsünde ab, dem »renoncement«, also der Aufkündigung der göttlichen Ursprungsordnung. Nun ist der Mensch gezwungen, eigene Spielregeln für das Zusammenleben zu erfinden. Das bedeutet, dass er zunächst Ordnung überhaupt schaffen muss, und genau daraus leitet Pascal seine Rechtfertigung von Macht ab: Macht ist nur die notwendige Notlösung, die an die Stelle der unmöglichen Gerechtigkeit und unerkennbaren Wahrheit tritt. Hans Blumenberg nennt das die »Faktizität aller sozialen Ordnungen«.

Im Bürgerkrieg ist der Mensch dem Menschen wieder ein Wolf – »homo homini lupus«. Von hier aus konstruiert Hobbes den modernen Staat. Der situativen, »rhetorischen« Politik des Machiavelli setzt Hobbes eine Politik »more geometrico« entgegen – mit sicheren Regeln, »not, as tennis-play«. Diese Konstruktion orientiert sich nicht mehr wie die klassische politische Philosophie am *terminus ad quem*, also am Ziel des Idealstaats und des höchsten Guts, sondern am *terminus a quo*, also dem hypothetischen Ursprung gesellschaftlicher Entwicklung. Gemeint ist der Naturzustand, verstanden als Negation der Zivilisation und – historisch konkret – als Äquivalent des Bürgerkriegs. Am Anfang war der instabile tödliche Naturzustand. Dieser natürliche Zustand ist bestialisch, geprägt von einer ursprünglichen Bösartigkeit des leidenschaftlichen Wollens. Der Staat muss deshalb gegen die Natur des Menschen errichtet werden, wobei nicht die Vernunft, sondern die Furcht die Leidenschaften kontrolliert.

Wenn aber alle Menschen gleich gefährlich und gefährdet sind, dann sind sie auch alle gleich – in ihrer existenziellen Unsicherheit. Hobbes hat hier eine völlig neue Grundlage für die Gleichheit aller Menschen entdeckt, nämlich dass jeder jeden töten kann: »The weakest has strength enough to kill the strongest.« Jeder ist gleich schwach gegen den anderen, deshalb kann man die natürlichen Unterschiede zwischen den Menschen vernachlässigen. Es herrscht Gleichheit in der Unsicherheit.

Wenn aber jeder jeden töten kann, macht auch das »Recht des Stärkeren« keinen Sinn.

So wird für Hobbes die Angst vor gewaltsamem Tod zur Wurzel der Zivilisation. Für den aufgeklärten Menschen in einer entzauberten Welt ist die ultimative Erfahrung: Todesangst. Sie stürzt uns politisch genauso in absolute Unsicherheit, wie es philosophisch der radikale Zweifel Descartes' leistet. Dass das Misstrauen aller gegen alle dem Zweifel an der Gewissheit von allem genau entspricht, ist eine der Einsichten Leo Strauss': »Descartes beginnt die Grundlegung der Philosophie mit dem Misstrauen gegen seine Vorurteile, mit dem Misstrauen vor allem gegen den möglichen *Deus deceptor*, so wie Hobbes den Staat und damit die Moral von dem gegenseitigen Misstrauen der Menschen her versteht.«

Bei der berühmt gewordenen Formel vom Krieg aller gegen alle gilt es, im Auge zu behalten, dass Hobbes dabei nicht nur an wirkliche, aktuelle Kämpfe denkt, sondern an die Bereitschaft zum Kräftemessen, die Disposition zum Kampf. Der Krieg aller gegen alle herrscht also so lange, bis es die Gewissheit des Friedens gibt. Solange dieser Friede nicht durch die Macht des Souveräns garantiert ist, ist jeder der Feind eines jeden und lebt in beständiger Angst vor gewaltsamem Tod. In diesem Naturzustand ist das Leben einsam, arm, scheußlich, grausam und kurz. Es gibt hier kein

Richtig oder Falsch, kein Recht und kein Unrecht. Oder anders gesagt: Jeder hat das Recht zu allem. Im Naturzustand erweist sich das Naturrecht als die Freiheit eines jeden zur Selbsterhaltung um jeden Preis.

An der Wiege der Zivilisation stehen demnach nicht Kulturheroen, sondern – um noch einmal Strauss zu zitieren: »naked, shivering poor devils«, nackte, zitternde arme Teufel. Diese angsterfüllten Menschen retten sich aus dem Naturzustand in den Staat. Nur in ihm gibt es nämlich Recht, Sicherheit und Rationalität; außerhalb des Staates wartet der Schrecken. Was außerhalb der bürgerlichen Gesellschaft liegt, ist eben wieder Naturzustand, das heißt der Krieg aller gegen alle, in dem alle das Recht auf alles haben. Schon im Naturzustand gibt es nämlich ein Recht, nämlich ebendieses Recht aller auf alles. Dieser führt aber zur triebhaften Selbsterhaltung, die sich am Ende selbst zerstört. Dem setzt der *Leviathan* eine vernünftige Selbsterhaltung entgegen, die auf diese natürlichen Rechte verzichtet, um stattdessen sicheres, staatsgeschütztes Recht zu genießen. Auch die schlechteste Regierung ist für Hobbes deshalb besser als der Naturzustand: Ordnung überhaupt und um jeden Preis als Rationalitätsminimum – als ob es Gott nicht gäbe. Man muss gar nicht darüber spekulieren, ob Hobbes Atheist war. Der hypothetische Atheismus »als ob Gott nicht existierte«

schaltet die Ideen von Schöpfung und Vorsehung aus.

Im Naturzustand ist der Mensch also dem Schrecken preisgegeben. An die Stelle der transzendenten Garantie durch den Gott des Christentums tritt nun die immanente Selbstgarantie durch den irdischen, sterblichen Gott Staat. Und damit sind wir bei der Urszene der Staatstheorie von Hobbes, wie sie Carl Schmitt gezeichnet hat: »Der Schrecken des Naturzustandes treibt die angsterfüllten Individuen zusammen; ihre Angst steigert sich aufs äußerste; ein Lichtfunke der Ratio blitzt auf – und plötzlich steht vor uns der neue Gott.« Der allmächtige Gott ist hier zum allmächtigen Staat säkularisiert, der dann ein sterblicher ist und dessen Göttlichkeit durch seine Allmacht begründet ist.

Das gute Leben und die gute Gesellschaft sind nach dem konfessionellen Bürgerkrieg kein Thema mehr. Das gute Leben verschwindet zugunsten des nackten und dann des langen Lebens, und heute wird es durch den Spitzenwert Gesundheit ersetzt. Leben selbst erscheint als Ersatz für das höchste Gut, und selbst die gute Gesellschaft wird durch den Staat aus Not verdrängt. War das »summum bonum« noch eine Art politischer Transzendenz, so muss es in der modernen Welt der Immanenz der Selbsterhaltung weichen.

Für Hobbes kann es schon deshalb kein höchstes Gut, kein letztes Ziel geben, weil menschliches

Leben ein ununterbrochenes Begehren nach Macht und Ruhm ist, das erst mit dem Tod endet – »a perpetual and restless desire of power after power, that ceaseth only in Death«. Die Unaufhörlichkeit des Begehrens resultiert aus der Notwendigkeit, für die Zukunft vorzusorgen, also sich heute schon gegen künftige Gefahren zu wappnen. Die Knappheit der Güter und die Konkurrenz um sie lassen die Menschen nach mehr Macht als Bedingung zukünftiger Selbsterhaltung streben. Deshalb fragt Hobbes nicht mehr nach dem höchsten Gut, sondern nach der Möglichkeitsbedingung von Leben überhaupt – und das ist die Sicherung gegen das größte Übel: den gewaltsamen Tod.

Seit Hobbes streben wir nicht mehr nach dem *summum bonum*, dem politischen Ziel des Guten, sondern wir fürchten uns vor dem *summum malum*, dem größten Übel. Deshalb kennt seine Theorie nur ein Naturrecht des Naturzustandes, nämlich das Recht auf Selbsterhaltung angesichts der Gefahr eines gewaltsamen Todes. Alles Politische leitet sich von nun an aus der existenziellen Notwendigkeit ab, den Tod zu vermeiden. Das ist ein antiepikureisches Motiv des Epikureers Hobbes: Der Tod gibt Orientierung, und die Furcht klärt auf.

Der Kerngedanke seiner Staatsphilosophie lässt sich auf eine einfache Formel bringen: Die Furcht vor der tödlichen Gefahr des Naturzustandes weckt in den Menschen ein Sicherheitsbedürfnis, das nur durch die Schutzapparatur des Staates befriedigt werden kann, dessen Schutz sie zu striktem Gehorsam verpflichtet. Lebenszuträglich ist also gerade nicht das Natürliche, sondern das Künstliche. Wie später dann auch Nietzsche sieht Hobbes im Menschen einen schrecklichen Grundtext, der vom Prozess der Zivilisation überschrieben werden muss. Artifizialität ist das Rettende, und dieser entspricht eine Politik des Scheins.

Hobbes sieht den Menschen in einer fremden, unverständlichen Welt, immer wieder dem tödlichen Chaos des Bürgerkriegs ausgesetzt, umringt von seinesgleichen, die ihm undurchschaubar bleiben und denen er deshalb misstrauen muss. Der andere ist unberechenbar, und ich bin für den anderen unberechenbar. Das wissen wir voneinander und behandeln es als Freiheit.

Der Mensch ist genau insoweit frei, als er seine Zwecke selbst wählt, aber das tut auch der andere, auf den ich mich nicht mehr verlassen kann. Nicht nur die Bosheit der anderen Menschen ist mein Problem, sondern ihre Andersheit und damit Undurchschaubarkeit selbst. Bei Luhmann heißt es dazu: »In der europäischen Geschichte taten die religiösen Bürgerkriege des 16. Jahrhunderts das ihre, dieses Problem zu illustrieren.« Diese soziale Komplexität zu reduzieren, wird zum neuen Sinn von Rationalität; sie tritt an die Stelle einer

Vernunft, die vorgegebenen Sinn entfaltet. Sobald das als Aufgabe des Staates bewusst wird, macht die Gesellschaft einen ersten Schritt von der Teleologie zur Systemrationalität.

Die anderen – sie sind zwar nicht die Hölle, aber die Unsicherheit. Gerade deshalb aber ist der Mensch zu einem konstruktiven, schöpferischen Handeln gezwungen. Die Natur des Menschen hat kein Telos, kein transzendentes Ziel; für sein Handeln gibt es nur immanente Kriterien. Günther Buck hat in diesem Zusammenhang den Begriff der »komparativen Existenz« geprägt. Der Mensch vergleicht sich mit anderen und steht in Wettbewerb mit ihnen. Dieses »Sein im Banne der Anderen« ist auf Machtsteigerung angewiesen. Der immer begehrende, immer sich fürchtende Mensch leistet seine Selbsterhaltung durch Prävention und Antizipation. Machtsteigerung als Notwehr erweist sich hier als die anthropologische Bedingung des Willens zur Macht. Selbsterhaltung setzt Machtsteigerung voraus. Deshalb ist der Wille immer Wille zur Macht – Selbsterhaltung als Selbststeigerung.

Das meint Robert Spaemann mit dem Begriff »Inversion der Teleologie«; sie ist charakteristisch für die Neuzeit. Selbsterhaltung ersetzt hier das *summum bonum* der klassischen politischen Philosophie: Etwas ist nicht an und für sich gut, sondern immer nur für mich. Das wird bei Hobbes bewusst und bejaht. In dieser »Inversion der Teleologie« – ein Begriff Robert Spaemanns – erweist sich der neuzeitliche Telosschwund als bewusster Verzicht. Natur ist für Hobbes ein feindliches Chaos, in dem um jeden Preis Ordnung geschaffen werden muss. Das leistet der Staat, der deshalb ein Artefakt sein muss. Es ist also nicht der natürliche, sondern der künstliche Mensch, der das gesellschaftliche Zusammenleben ermöglicht. Jeder hat das Naturrecht, sich selbst zu erhalten und zu verteidigen, und das setzt voraus, dass ich meine Macht vergrößere, indem ich dem Gegner zuvorkomme –Antizipation und Prävention sind Schlüsselbegriffe des *Leviathan*. Der Wille zur Macht, auf den Hobbes letztlich die vielfältigen Formen des Begehrens reduziert, erweist sich hier als Notwehr. Und weil Selbsterhaltung und Machtwille unauflösbar zusammengehören, hat das Naturrecht bei Hobbes keinerlei moralischen Index. Der Naturzustand ist das Chaos der absoluten Rechtlosigkeit, weil jeder das Recht auf alles hat – und das widerspricht der Möglichkeit zu überleben. Daraus folgt aber: Der Mensch muss sein Leben künstlich leisten.

Hobbes' Ausdruck »artificial man« gilt für den Menschen wie für den Staat, als das Artifizielle der Institutionen. Der Mensch ist gerade kein Zoon politikon, sondern von Natur aus asozial. Das hat für Hobbes eine entscheidende positive Implikation, die ihn als Denker des Liberalismus kenntlich macht: Der Mensch ist nicht primär sozial, sondern frei. Nur eine naive Vorstellung von der menschlichen Natur habe die Griechen zu der Konzeption eines Zoon politikon geführt. Er ist jedoch keineswegs von Geburt an zur Gesellschaft geeignet, sondern muss zu ihr durch Erziehung diszipliniert werden.

Kunst und Künstlichkeit sind die Schlüsselbegriffe der Definition des Staates, die Hobbes schon in der Einleitung zum *Leviathan* gibt. Sie analogisieren die Gründung des Staates mit der Schöpfung der Welt. Der Souverän ist dem Staat transzendent – wie Gott der Welt gegenüber. Die Kunst des Menschen, die die Natur imitiert, erschafft künstliches Leben, nämlich die Maschine.

Im Staat Thomas Hobbes' lässt sich der Prototyp des technischen Zeitalters erkennen. Als Artefakt, als effektiver Befehlsmechanismus ist er ein Produkt des Menschen. Die metaphysische Entscheidung Descartes', den Menschen als Maschine zu deuten, ermöglicht es Hobbes, auch den großen Menschen Staat, den *magnus homo*, als Maschine zu verstehen. Diese Maschine ist als Einheit von Mechanismus, Organismus und Kunstwerk gedacht. Als exakter, neutraler Apparat emanzipiert der Staat seine Funktionswerte von absoluter Wahrheit. Konsequent technisiert Hobbes auch die Frage seiner Legitimität: Entweder er funktioniert oder eben nicht. Der Staat als Maschine ist in seinem Funktionieren berechenbar, genauer durch Zweckrationalität in seiner Macht begrenzt. Als Antwort auf die Frage: »Was ist Ordnung?« erfand Hobbes den Staat als Maschine. Diese Technisierung der Staatsvorstellung begründet Hobbes vor allem durch die Setzung von Recht als bloße Legalität positiver Gesetze. Es lässt sich nicht auf Wahrheit gründen, und nur positives, selbstgesetztes Recht macht die Politik flexibel genug, um konkrete Entscheidungen treffen zu können. Die auf Selbsterhaltung eingestellte Systemrationalität ersetzt die nach absoluter Wahrheit suchende Vernunft.

Den staatsbegründenden Unterwerfungsvertrag, mit dem die Menschen ihre primäre Feindseligkeit beenden, vergleicht Hobbes mit dem göttlichen »Es werde«. Er ist eine Schöpfung aus dem Nichts des absoluten Schreckens, historisch konkret: aus dem Nichts des Bürgerkriegschaos. Mit Hans Blumenbergs Worten: »Der Nullpunkt des Ordnungsschwundes und der Ansatzpunkt der Ordnungsbildung sind identisch.«

Politik hat den Tod vor Augen, nicht das Telos. Ihre Dynamik führt nicht hin zum Ideal, sondern weg vom Schrecken. Dieser Bruch mit der Teleologie hat nun eine entscheidende Implikation: Weil die Natur nicht zweckmäßig für den Menschen angeordnet ist, muss er sich in ein technisches Pathos der Konstruktion retten: Konstruktivismus aus Notwehr. Das ist durchaus ein Wesenszug der Neuzeit: Wenn die Welt unerkennbar ist und der Mensch ohne göttlichen Beistand auskommen muss, bleibt ihm nur die freie Konstruktion, er muss die Welt spontan selbst entwerfen.

Entsprechendes gilt für die Politik: Souveränität aus Notwehr. Der Naturzustand ist der schreckliche Ausnahmezustand, den der absolutistische Staat als Institution der Vernunft überwinden muss. Der Staat normalisiert die abnorme Situation des Naturzustandes, historisch konkret: des Bürgerkriegs; deshalb ist er vernünftig, ein *imperium rationis*. Hobbes' Leviathan ist bereits die Wirklichkeit des Vernünftigen, als die Hegel den Staat definieren wird. Rückblickend lässt sich der absolutistische Staat deshalb zwischen dem konfessionellen Bürgerkrieg und dem Bürgerkrieg der Französischen Revolution einordnen. In beiden Fällen müsste man mit Hobbes sagen: Vernünftig ist, was den Bürgerkrieg beendet. So überformt Hobbes die moralische Unterscheidung zwischen Gut und Böse durch die politische Unterscheidung von Krieg und Frieden.

Wie schon bei Machiavelli heißt es auch im *Leviathan*: Am Anfang war der Schrecken. Der Mensch ist ungeschützt und dem Zufall des Unfalls exponiert. Er ist gefährdet, deshalb gefährlich, deshalb herrschaftsbedürftig. Hobbes glaubt nicht an die Macht der Vernunft und zieht daraus die politische Konsequenz. Der Souverän markiert dabei die Grenze der Vernünftigkeit: Weil es keine maßgebende Vernunft gibt, muss jemand entscheiden. Hobbes entdeckt somit die Souveränität als Ersatz für die natürliche Vernunft. Diesen Kern seiner politischen Theorie hat Hobbes im Kapitel X,1 von *De cive* herausgearbeitet. Im Naturzustand ist die Freiheit des Menschen unbeschränkt, aber nutzlos; er hat das Recht auf alles, kann sich aber an dem, was er sich aneignet, nicht erfreuen – denn das gilt für alle anderen auch, und so kommt es zum Kampf aller gegen alle, weil natürliche Freiheit eben auch bedeutet, dass jeder jeden ausrauben und töten kann. Gerade weil er der Zustand der absoluten Freiheit des Einzelnen ist, ist der Naturzustand *status hostilis*, ein Zustand der Anarchie und Feindschaft. Im Naturzustand befinden wir uns also im *imperium affectuum*, unter der Herrschaft der Leidenschaften. Im staatlichen Zustand dagegen bekommt jeder Bürger so viel Freiheit, wie es ein gutes, ruhiges Leben erfordert: »Quantum sufficit ad bene et tranquille vivendum«. Seine Rechte sind beschränkt, aber er kann sie in aller Sicherheit wahrnehmen. Im staatlichen Zustand befinden wir uns also im *imperium rationis*, unter der Herrschaft der Vernunft.

Doch wie gelangen die ängstlichen, armen Teufel aus dem Krieg aller gegen alle in die Schutzzone des staatlichen Zustandes? Hobbes bemüht an dieser entscheidenden Stelle die Fiktion eines Unterwerfungsvertrags. Es handelt sich bei ihm um die Festlegung einer Wechselbeziehung von Schutz und Gehorsam, die den Kern seiner Ethik des Politischen darstellt. Die Legitimität der Herrschaft gründet darin, dass sie in der Lage ist, von den Bürgern die Furcht zu nehmen. Das aber bedeutet, dass der Maßstab der Legitimität einer jeden Regierung die Sicherheit ihrer Bürger ist. Der Staat hat das Gewaltmonopol. Es bedeutet aber auch umgekehrt: Wenn der Staat die Sicherheit seiner Bürger nicht mehr gewährleisten kann, erlischt die Verpflichtung zum Gehorsam, und jeder Einzelne hat wieder das Recht, sich mit allen Mitteln selbst zu verteidigen.

Die Unterwerfung aller konstituiert die souveräne Einheit Staat. Der Schrecken der absoluten Macht – Hobbes spricht ausdrücklich von *terror* – bricht den Eigensinn aller und schafft den bürgerlichen Konformismus von Frieden und Eintracht.

Die durch den Unterwerfungsvertrag in der Person des Souveräns vereinten Menschen übertragen all ihre Macht und Stärke auf diese eine Person und reduzieren so die konfliktträchtige Pluralität der Willensstrebungen auf einen ungeteilten Willen. »So entsteht der große Leviathan, oder, um es respektvoller zu formulieren, jener sterbliche Gott, dem wir – unter dem unsterblichen Gott – Frieden und Sicherheit verdanken.«

Es handelt sich hier um eine vollständige Säkularisation des christlichen Gegensatzes von Naturstand und Gnadenstand. Aus dem Naturzustand des Kriegs aller gegen alle rettet sich der Mensch in den Gnadenstand des Staates. Jacob Taubes schreibt: »Indem der Wolf-Mensch sich dem Leviathan unterwirft, geschieht erst die Menschwerdung des Menschen. Vernunft ist die Summe dieser Transfiguration.« Der Unterwerfungsvertrag, den jeder mit jedem schließt, ist also die Menschwerdung des Menschen angesichts des sterblichen Gottes Staat; das »Es werde« des göttlichen Staates: Schöpfung aus dem Nichts und gegen das Chaos. Schöpfung aus dem Nichts heißt konkret: die Konstruktion des Staates aus dem Ausnahmezustand heraus. Hobbes bemüht den scholastischen Kontingenzbegriff, denn auch dieser geht von einer ständigen Erhaltungsbedürftigkeit der geschaffenen Ordnung aus – nur dass es jetzt nicht mehr der christliche Gott ist, der die Ordnung erhält, sondern der irdische Gott, der Souverän. Die Legitimität seiner absoluten Herrschaft ist fraglos, denn es gilt, was Jacob Taubes auf die bündige Disjunktion bringt: »Entweder Staat oder Barbarei«. Hobbes ist sich selbstverständlich bewusst, dass die unbegrenzte Macht des Souveräns schlimme Konsequenzen haben kann, doch kein Machtmissbrauch kann so schlimm sein wie der ewige Krieg eines jeden gegen seinen Nachbarn, der unvermeidlich wäre, wenn die Instanz der staatlichen Allmacht fehlen würde.

Die Grenzen des Staates bilden die Grenzen der Sicherheit und Rationalität; sie zu überschreiten heißt in den Naturzustand zurückzufallen. Dessen Chaos muss Politik immer wieder abgerungen werden, das heißt, der Staat muss die Revolution andauernd niederhalten. Er ist, solange er funktioniert, die institutionelle Verhinderung des Bürgerkriegs. Die Gefährdung der Stabilität des Staates ist für Hobbes also kein singulärer Ausnahmezustand, sondern die Regel, der permanente Ausnahmezustand. Es gibt deshalb nur einen Maßstab für die Beurteilung der Qualität einer Politik: ob sie Sicherheit gewährt und Frieden schafft – wobei Sicherheit ganz im Sinne moderner Bürgerlichkeit auch die Möglichkeit umfasst, die Früchte des eigenen Fleißes zu genießen.

Damit reduziert Hobbes die Erwartungen, die von der traditionellen politischen Philosophie genährt wurden, radikal. Es geht nicht mehr um die beste Regierungsform, sondern nur noch um die faktische Effektivität einer Regierung. Die schon in der Antike geführte Diskussion darüber, welche der Regierungsformen Monarchie, Aristokratie oder Demokratie die beste sei, ist für Hobbes im Grunde irrelevant; ja, eine solche Diskussion ist geradezu subversiv und gefährlich, sobald eine dieser Formen etabliert ist. Die bestehende Regierungsform ist immer die beste.

Es ist für Hobbes einer der wesentlichen Fehler von Aristoteles' *Politik*, dass dieser meint, nicht der Mensch, sondern das Gesetz solle regieren. Denn ein Gesetz verdankt seine Durchsetzungskraft nicht Worten und Versprechungen, sondern Menschen und Waffen. Wer hier von Willkürherrschaft spricht, kennt den Schrecken des Bürgerkriegs nicht. Das Gesetz gründet nicht in der Sittlichkeit des Guten und Gerechten, sondern umgekehrt: Was als moralisch gilt, bestimmt das Gesetz. Dieses Gesetz wird nicht von der Wahrheit, sondern von der Autorität des Souveräns gesetzt; und nur dieser liefert dessen Interpretation. So ersetzt Hobbes die Legitimität durch Autorität.

Nach Hobbes' Vertrag ist geregelt, dass der Souverän von nichts abhängig ist, also kein Widerstand begründbar ist. Die notwendige Willkür wird buchstäblich auf die Spitze getrieben – nämlich konzentriert im Souverän. Der Begriff der Willkür bringt zum Ausdruck, dass das Recht des Souveräns, im Notfall das Recht zu brechen, nicht rechtlich normiert werden kann. Wenn es nicht ohne Willkür geht, ist es rational, sie an einer Stelle zu konzentrieren. Und genau das meint Hobbes mit Souveränität. Wenn man politische Urteile nicht mehr auf eine selbstverständlich vorgegebene Ordnung und Normalität beziehen kann, wird

Willkür unvermeidlich und muss zusammengezogen werden – eben im Souverän. Das bedeutet aber auch: Wenn der Staat das Recht setzt – und genau das meint ja positives Recht –, kann er seine Macht nicht mehr durch das Recht legitimieren.

Gesetze schützen und verpflichten uns; das heißt, sie nehmen uns die absolute, aber stets gefährdete Freiheit, die wir im Naturzustand hatten, und gewähren uns den sehr viel engeren Spielraum der gesicherten bürgerlichen Freiheit. Absolute Herrschaft erweist sich als die Bedingung der Möglichkeit selbstbestimmten Handelns der Individuen. Ebendiese machtgeschützte bürgerliche Freiheit würde von einem Appell an die Wahrheit gefährdet. Denn in politischen Fragen sind alle Menschen gleich vernünftig, aber eben mit ganz unterschiedlichen Interessensperspektiven und Wahrheitsansprüchen. Für die fehlende Wahrheit in der Politik gibt es aber ein Supplement, nämlich die politische Souveränität. Man kann sie als eine Art Als-ob-Unfehlbarkeit verstehen.

Thomas Hobbes begründete Autorität durch Autorisierung. Weil niemand die Wahrheit kennt, kann niemand absolute Autorität beanspruchen. Aber gerade deshalb muss jemand absolute Autorität beanspruchen. Aber wer? Das kann nur der souveräne Herrscher sein, dessen Aufgabe es ist, Entscheidungen zu fällen. Er ist zuständig für all die Fälle, in denen keine Zuständigkeit vorgesehen ist. Obwohl also niemand entscheiden kann, was niemand – sachlich richtig! – entscheiden kann, muss einer entscheiden. Entscheidung muss sein. Daraus folgt aber auch, dass es keine Metasouveränität geben kann, die darüber entscheiden würde, wer Souverän ist. Er ist ja gerade zuständig, wenn niemand zuständig ist. Der Souverän entscheidet über die Ausnahme, und durch seine Macht diszipliniert er zur Normalität, indem er jeden Zweifel beseitigt. Walter Benjamin hat das in seinem hier einschlägigen Werk über das barocke Trauerspiel auf die Formel gebracht: »Die Entscheidung ist transzendent.«

Hobbes ersetzt Vernunft von unten durch Furcht und von oben durch souveräne Gewalt. Die Entscheidung des Souveräns ist das artifizielle Supplement für die nicht existierende allgemeine Wahrheit. Das wird in *The Elements of Law* sehr gut begründet: Im Naturzustand hat jeder das Recht, strittige Fragen nach eigenem Maßstab zu beurteilen. Da das zu ständigen Kontroversen und letztlich zum Krieg führt, wünscht man sich einen allgemein gültigen Maßstab des politischen Urteils – »the right reason«, das vernünftige Denken, dem alle zustimmen könnten. Wenn man aber einsieht, dass dieses nicht existiert, braucht man etwas, das an seine Stelle tritt, und das ist die Entscheidung durch souveräne Macht. Demnach ist es vernünftig, sich in allen strittigen Fragen, bei denen eine gütliche Einigung nicht absehbar ist, der Vernunft des Staates zu unterwerfen. Es geht dabei nicht um Macht überhaupt, sondern um die außerordentliche, absolute Macht, die in der Lage ist, zu schützen und Sicherheit zu gewähren. Dass sie die Kontroverse entscheidet, ist wichtiger als wie sie es tut. Das gilt gerade auch in religiösen Fragen, in denen der Staat entscheidet, was der Wille Gottes ist.

»Power irresistible justifies all action« – unwiderstehliche Macht rechtfertigt jede politische Handlung. Diese extrem provokante These ist ersichtlich eine Säkularisation: Irdische Souveränität entspricht der göttlichen Allmacht. Das ist Hobbes' dezisionistischer Ausweg aus der blutigen Schlacht um die Wahrheit des Glaubens. Weil es einen Vorrang des Friedens vor der Wahrheit gibt, lautet seine berühmteste Formel: »Auctoritas, non veritas facit legem«, nicht die Wahrheit, sondern die Autorität macht das Gesetz. Nicht wer glaubt, recht zu haben, sondern wer die Macht hat, zu entscheiden, kann den Streit schlichten. Ein Gesetz ist für Hobbes im Kern ein Befehl – und der hat keinen Wahrheitswert. Er hat mit Gerechtigkeit, Moral und Weisheit nichts zu tun. Alles Recht ist staatsimmanent. Und deshalb kann der Hobbes-Staat kein Unrecht begehen. Die inhaltliche Richtigkeit, also das Was, verblasst vor dem Wer und dem Dass der Entscheidung.

Im Kern wird das Recht auf das Gesetz und das Gesetz auf die souveräne, autoritäre Entscheidung reduziert. Carl Schmitt schreibt: »Die im Gesetz liegende Entscheidung ist, normativ betrachtet, aus einem Nichts geboren.« Und: «Sie entspringt aus einem normativen Nichts und einer konkreten Unordnung.« Nicht was entschieden wird, ist also entscheidend, sondern dass entschieden wird – und zwar unabhängig von irgendwelchen Gerechtigkeitsvorstellungen. Diese dezisionistische Souveränität ist eine Schöpfung aus dem Nichts an Ordnung.

Es ist also nur der Souverän, der entscheidet, was als recht und unrecht, gut und böse zu gelten hat. Wie in der Bibel liegt deshalb auch bei Hobbes der Sündenfall des Menschen darin beschlossen, dass er vom Baum der Erkenntnis isst, also wissen und selbst entscheiden will, was gut und böse ist. In dieser Anmaßung sieht Hobbes die Quelle allen Aufruhrs und stellt dem das staatliche Gesetz als einzig gültigen Maßstab für das Urteil über Gut und Böse entgegen. Nur der Souverän unterscheidet und entscheidet hier. Da Hobbes in Meinungsstreitigkeiten schon den Keim des Aufruhrs sieht, urteilt der Souverän auch darüber, welche Meinungen staatsgefährdend sind – das reicht bis zur Zensur. Denn um das menschliche Handeln auf Eintracht und Frieden auszurichten, muss man die Meinungen klug steuern – »the well governing of opinions«. Aus Sorge um die öffentliche Ruhe und Ordnung befürwortet Hobbes es sogar, diejenigen zum Schweigen zu bringen, die eine wahre Philosophie lehren, falls diese geeignet ist, Unruhe und Aufruhr zu stiften. Der Leviathan greift nicht bis zum Gewissen der Bürger durch, aber er verhindert, dass es sich öffentlich ausspricht.

Hobbes' Menschenbild hat große Ähnlichkeit mit der Anthropologie des Christentums. Auch für ihn sind das Streben nach Ehre, Ruhm, Suprematie, der Stolz, Ehrgeiz, die Eitelkeit und das Begehren nach Anerkennung der Überlegenheit die wesentlichen Charakteristika des Menschen. Im Kampf um Anerkennung, im Stolz, der Beste zu sein, also in dem, was die alten Griechen »aristein« nannten, steckt die ganze Misere des Menschen. Dieses natürliche Begehren des Menschen muss gebrochen werden. Für Hobbes ist Tapferkeit folglich keine Tugend mehr; er wertet sie als Leidenschaft der Überlegenheit ab. Der Mensch soll sich nicht von seinem Stolz, sondern von seiner Angst leiten lassen. Um die Antithese von Eitelkeit und Todesdangst geht es Hobbes immer wieder, denn nur die Angst bringt uns zur Vernunft des Staatsvertrags. Der Staat zähmt den Stolz. Deshalb heißt der Leviathan *King of the Proud*.

Das ist eine Formel aus dem Buch Hiob 41 und erklärt, warum Hobbes sein Hauptwerk *Leviathan* genannt hat: »Auf Erden gibt es seinesgleichen nicht, / dazu geschaffen, um sich nie zu fürchten. / Alles Hohe blickt es an; / König ist es über alle stolzen Tiere.«

Hobbes' anthropologische Ellipse ist um die zwei Brennpunkte Begehren und Furcht konstruiert. Die Leidenschaft der Eitelkeit muss von der Vernunft der Furcht gezähmt werden. Furcht ist vernünftig, sie dient als funktionales Äquivalent der Vernunft. Während Eitelkeit verblendet, klärt Furcht auf.

Der Fürst wird zum Mechaniker der Leidenschaften. Er muss aber nicht nur die Leidenschaften der Menschen bändigen, also die Wölfe in friedliche Staatsbürger verwandeln, sondern auch den Machtanspruch der indirekten Gewalten brechen – das sind damals die päpstlichen. Ein erstaunlich großer Teil des *Leviathan* widmet sich dem Königreich der Finsternis, dem »Kingdom of Darkness«, vor allem der Lehre Bellarmins, den Hobbes den Champion des Papsttums nennt. Bellarmin hat den Begriff der indirekten Gewalt am deutlichsten herausgearbeitet. Es ist signifikant, dass das mit Abstand längste Kapitel des *Leviathan*, nämlich das 42. Kapitel über kirchliche Gewalt, dieser indirekten Gewalt gewidmet ist. Es geht darin um den päpstlichen Anspruch, die zivile Macht der spirituellen zu unterwerfen. Doch dass eine Macht Macht über eine andere Macht hat, ist für den Nominalisten Hobbes nur unverständliches Gerede – »we cannot understand«. Denn Macht ist keine Eigenschaft von Mächten, sondern von Personen.

Es ging damals um den gegenreformatorischen Herrschaftsanspruch der Papstkirche gegen den souveränen Staat. Aber der Begriff der indirekten Gewalten hat gerade heute große Aktualität gewonnen, zumal er auch immer mit der Vorstellung eines Widerstandsrechts verknüpft ist – man denke nur an NGOs, Protestbewegungen und andere Organisationen, die geschickt die öffentliche Meinung beeinflussen und die mit den Mitteln der moralischen Diskriminierung und des sozialen Boykotts sehr erfolgreich Politik betreiben.

Schon im Mittelalter war die Säkularisierung religiöser Insignien und Bestände weit fortgeschritten; aber erst Hobbes spitzt die Säkularisierung zur Instrumentalisierung zu. Weil jeder geistliche Souveränitätsanspruch neben dem weltlichen immer zu Streit und Bürgerkrieg führt, muss der Staat, dieser sterbliche Gott, ähnlich wie in der Antike wieder für eine Einheit von Politik und Religion sorgen. Der riesige, aus kleinen Menschen zusammengesetzte Mann auf dem Titelkupfer des *Leviathan*, der mit einer Schutzgebärde Schwert und Bischofsstab trägt, allegorisiert die staatliche Einheit von geistlicher und weltlicher Macht. Dieses übernatürliche *animal artificiale* ist der neue Gott der Sicherheit.

Was öffentlich zu bekennen ist, bestimmt der Souverän, das heißt, er schreibt diejenige Zivilreligion vor, die der Ordnung am besten dient. Allerdings genügt das öffentliche Bekenntnis, der äußere Gehorsam; der Glaube selbst bleibt Privatsache des Einzelnen. Privat kann ich glauben, was ich will, doch wenn es zum öffentlichen Bekenntnis kommt, muss ich mich der verordneten Zivilreligion unterwerfen. Alles, was als bloßes Zeichen des Gehorsams getan wird, kann eigentlich gar nicht dem einzelnen Bürger zugerechnet werden, sondern ist eine Handlung des Souveräns, der seine Untertanen als Instrument benutzt.

Dieser Vorbehalt des privaten Glaubens, der dem Zwang zum öffentlichen Bekenntnis den Stachel zieht, bestimmt für Hobbes auch das Verhältnis des christlichen Bürgers zur Bibel. Auch hier gilt, dass Auslegungsstreitigkeiten so weit wie möglich zu vermeiden sind. Da aber vielfach umstritten ist, was das Christentum lehrt, darf man von dem einfachen Bürger nicht verlangen, dass er alle Dogmen der Kirche wirklich glaubt. Denn wenn man alles glauben, also innerlich annehmen müsste, was in der Bibel steht und von den Kanzeln gepredigt wird, gäbe es auf der Welt nichts Schwierigeres, als ein Christ zu sein.

Deshalb gibt es für den christlichen Bürger nur zwei Pflichten: für seine Sicherheit dem Souverän gehorsam zu sein und für sein Seelenheil zu glauben, dass Jesus der Christus, also der Messias und Sohn Gottes ist. Gehorsam zu sein ist das weltlich Ausreichende, an Jesus als den Christus zu glauben ist das geistlich Ausreichende. Es ist charakteristisch für Hobbes' Denkstil, dass es dann heißt: »More than sufficient is not necessary« – es ist nicht nötig, mehr zu tun als das, was genügt. Hobbes reduziert die politische Theologie auf den Satz: Jesus ist der Christus. Das heißt, der Heiland war schon da, und jeder Versuch, das Reich Gottes mit politischen Mitteln zu verwirklichen, ist tödlicher Fanatismus. Damit vollendet Hobbes die Reformation vom Politischen aus, so wie Luther es vom Religiösen aus versucht hat. Der Entscheidungsanspruch der römischen Kirche, die Unfehlbarkeit des Papstes wird zurückgewiesen. Der politische Souverän entscheidet, auch in Fragen des öffentlichen Bekenntnisses – »auctoritas, non veritas«.

Wenn man den *Leviathan* mit Platons *Politeia* vergleicht, erkennt man sofort, dass die Frage nach der Natur des Menschen durch das Problem der Selbstbehauptung des Subjekts ersetzt worden ist. Seit Hobbes gibt es für die Politik keinen natürlichen Maßstab mehr. Er bricht mit dem klassischen Rationalismus. In der Konsequenz dieses Denkens steht die Aufhebung der Politik in Soziologie. So klingt es zunächst zwar befremdlich, ergibt bei näherer Betrachtung jedoch Sinn, wenn Leo Strauss Hobbes, den Begründer der modernen Staatstheorie, als den »antipolitischen Denker« schlechthin bezeichnet – nämlich als Begründer des Liberalismus und des modernen Zivilisationsideals.

Hobbes hat die Politologie erfunden – als Antwort auf die Frage nach dem richtigen Leben. Aus der Perspektive der klassischen politischen Philosophie kann diese Antwort aber nur als Entpolitisierung, und das heißt eben als Verzicht auf die Frage nach dem richtigen Leben verstanden werden. Thomas Hobbes hat auf die fundamentale Frage der Philosophie, nämlich die Frage nach dem richtigen Leben, mit seiner politischen Wissenschaft eine spezifisch moderne Antwort gegeben, die einen Wahrheitsverzicht der Politik voraussetzt.

So wie der Nominalist Hobbes erkenntnistheoretisch auf Wahrheit verzichtet und sich mit Hypothesen begnügt, so verzichtet der Dezisionist Hobbes politisch auf Wahrheit und begnügt sich mit der Autorität. Seine politische Theorie weckt nicht mehr die Erwartung eines richtigen Lebens in der guten Gesellschaft, sondern hält die Erinnerung an den ursprünglichen absoluten Schrecken wach. Für Hobbes war es der konfessionelle Bürgerkrieg; für uns heute ist es der Holocaust. Mit den Worten von Leo Strauss: »Die bürgerliche Existenz, die diese Schrecken nicht mehr erfährt, hat Bestand nur solange sie sich ihrer erinnert.«

Hegel und die Vernünftigkeit des Wirklichen

In seinem Buch über den *Mythos des Staates* schreibt Ernst Cassirer: »Kein anderes philosophisches System hat einen so starken und nachhaltigen Einfluss auf das politische Leben geübt, wie die Metaphysik Hegels.« Auch für Hegel gibt es ein historisches Großereignis, um das sich sein Denken dreht: die Französische Revolution. Er versteht sie als politische Implementierung der christlichen Freiheit und Gleichheit. Aber seine Haltung zu ihr ist ambivalent. Einerseits teilt er den europäischen Enthusiasmus über die Eroberung der Freiheit für alle, andererseits wird ihm der revolutionäre Terror zum Trauma. So erklärt es sich, dass Hegel, der stets die Revolution begeistert bejaht hat, dennoch als Reaktionär gilt. Luther und Napoleon sind für ihn die welthistorischen Schlüsselgestalten, und er sieht in der Französischen Revolution nicht nur die universale politische Verwirklichung des Prinzips Freiheit, sondern auch die Vollendung der Reformation.

Charakteristisch für die politische Philosophie Hegels ist, dass er die Revolution durch den Staat ersetzt. Ebenjenes Terrortrauma, die düstere jakobinische Rückseite der Französischen Revolution, motiviert ihn dazu.

Der Tugendterror eines in Fanatismus umgeschlagenen Freiheitsprinzips richtete sich gnadenlos gegen die vielen, die noch ihren eigenen Interessen und Neigungen folgten. Dafür stehen Robespierre und das Schafott: die tödliche Spaltung der Gesellschaft in Gut und Böse. Hegel sagt dazu in seinen *Vorlesungen über die Philosophie der Geschichte*: »Die Tugend ist hier ein einfaches Prinzip und unterscheidet nur solche, die in der Gesinnung sind, und solche, die es nicht sind. Die Gesinnung aber kann nur von der Gesinnung erkannt und beurteilt werden. Es herrscht somit der Verdacht; die Tugend aber, sobald sie verdächtig wird, ist schon verurteilt.«

Der junge Hegel sieht eine große Parallele zwischen der deutschen Lage um 1800 und der politischen Lage in Machiavellis Italien um 1500. Beide sind in der Defensive, beide einer massiven Invasion ausgesetzt. So lautet der erste Satz der Schrift über *Die Verfassung Deutschlands* aus dem Jahre 1801: »Deutschland ist kein Staat mehr.« Neben dem französischen Revolutionsterror und der napoleonischen Invasion gibt es für Hegel aber noch ein zweites Problem, für das seine politische Philosophie eine Lösung finden muss. Gemeint ist »die Unbändigkeit des deutschen Charakters«, dem Freiheit über alles geht und der dazu neigt, die Privatrechte des Einzelnen systematisch gegen den Staat zu nutzen. Aber Freiheit – das war ja die Lektion von Hobbes – gibt es nur im Staat. Wie für Hobbes ist auch für Hegel die Welt des Menschen wesentlich artifiziell. In genauem Gegensatz zur göttlichen Schöpfung der Natur schafft sich der Mensch eine »zweite Welt«; er gewinnt seine Selbständigkeit, indem er mit seiner Natürlichkeit bricht.

Auf den ersten Blick scheinen Menschenbild, politische Erfahrung und Geschichtsphilosophie bei Hegel nicht zusammenzupassen. Einerseits begrüßt er enthusiastisch die Französische Revolution, die den unhintergehbaren Standard gesetzt hat, dass alle Menschen frei sein sollen. Andererseits hegt Hegel ähnlich wie Hobbes ein tiefes Misstrauen gegenüber dem demokratisch politisierten Volk. Hegel löst das Problem, indem er das Volk durch den Staat ersetzt. Hermann Lübbe schreibt dazu: »Das Freiheitsprinzip der Revolution soll gelten; Revolution sollte nicht sein. In der Tendenz, beide Forderungen zu erfüllen, bestellte Hegel den Staat anstelle des Volks zum vollziehenden Subjekt jenes Prinzips.« Deshalb heißt Hegel bei Lübbe auch »der Philosoph des politischen Biedermeier«, doch das ist gar nicht abwertend gemeint. Der Biedermeier ist zwar ein unpolitischer Bürger, aber er hat durchaus eine vernünftige politische Theorie, die ebendarin besteht, die staatliche Wirklichkeit in ihrer Vernünftigkeit zu begreifen. Der Philosoph dieses Biedermeier legt dann nur die »Architektonik seiner Vernünftigkeit« dar.

Wie Aristoteles seinen Begriff des Politischen an der historisch konkreten Polis orientierte, orientiert Hegel seine politische Philosophie am preußischen Staat. Im Staat sieht er die Bedingung der Möglichkeit bürgerlicher Freiheit; d. h. es gibt in Hegels Rechtsphilosophie die »inhaltliche Bestimmung politischer Ordnungen durch den Zweck, die Verwirklichung des Menschseins und seiner Freiheit zu ermöglichen« – so Joachim Ritter in seiner immer noch maßgeblichen Studie über *Hegel und die Französische Revolution*. Der Staat ist für Hegel deshalb nicht einfach nur ein Vertrag, sondern er verwirklicht die Freiheit im Recht. Zu dieser Freiheit des Bürgers in der modernen Gesellschaft steht die dezisionistische Souveränität des Monarchen, die Hegel genauso betont wie Hobbes, keineswegs im Gegensatz. Er sieht dabei sehr klar, dass nicht die abstrakte Idee einer absoluten Souveränität Verständnisschwierigkeiten aufwirft, sondern die konkrete Gestalt des Monarchen als der »existierenden Souveränität«.

Dass absolute Souveränität des Fürsten und freies bürgerliches Leben keinen Gegensatz bilden, erklärt sich aus der Kontingenz des Politischen. Es gibt nämlich einen unendlich großen Bereich, in dem »so entschieden werden kann, oder so; – aber wo die Hauptsache ist, dass entschieden ist; es muss befohlen werden in der Welt, rein befohlen«. Diese absolute Souveränität, das »absolut entscheidende Moment« ist grundlos, und es kann keine Metasouveränität geben, die darüber entscheiden würde, wer entscheidet. Grundlos, denn in allen strittigen Fragen der Politik muss es am Ende einen geben, der »das Abwägen der Gründe und Gegengründe, zwischen denen sich immer herüber und hinüber schwanken lässt, abbricht und sie durch das ›Ich will‹ beschließt«.

Der Monarch ist dieses »Ich will« als Person. Es ist der souveräne Beschluss, nicht das bessere Argument, der die Diskussion beschließt, abschließt. Hierin sieht Hegel jedoch kein prinzipielles Problem, denn »bei feststehenden Gesetzen und bestimmter Organisation des Staats ist das, was der alleinigen Entscheidung des Monarchen anheimgestellt worden, in Ansehung des Substantiellen für wenig zu achten«. Das ist charakteristisch für die konstitutionelle Monarchie, die Hegel favorisiert. Der beratene Monarch entscheidet nicht willkürlich: »So hat er oft nicht mehr zu tun, als seinen Namen zu unterschreiben«; er ist einfach nur derjenige, »der ›Ja‹ sagt und den Punkt auf das I setzt.«

Die Entscheidungsgewalt des Souveräns ist keine Bedrohung der bürgerlichen Freiheit, sondern eine Bedingung ihrer Möglichkeit, denn der Mensch muss sich zu sich selbst erst durcharbeiten, sich selbst formieren und zur Freiheit bilden. Das aber kann ihm nur in einer staatlichen Ordnung gelingen. So kann Hegel sagen: »Die Formierung zur Freiheit selbst (Realisierung derselben) und zur Erhaltung derselben ist der Staat.« Er hat also nicht nur wie bei Hobbes und Locke die Aufgabe, das Leben seiner Bürger und ihr Eigentum zu schützen. Wenn man ihn nämlich nur so versteht, verwechselt man ihn mit der bürgerlichen Gesellschaft und erhebt das Interesse der Einzelnen zum eigentlichen Staatszweck. Stattdessen sieht Hegel im Staat »das an und für sich Vernünftige«, auf das jeder Bürger verpflichtet ist. Jeder Einzelne findet seine Wahrheit und Freiheit nur als Mitglied des Staates.

Wer diesen Kerngedanken Hegels nachvollziehen will, darf sich nicht von der empirischen Gestalt eines Staates beirren lassen, die stets durch Willkür, Zufall und Irrtum geprägt ist, sondern muss seine Idee erkennen, »diesen wirklichen Gott«. Das ist eine Formulierung, die wir bereits von Hobbes kennen. Und entsprechend heißt es dann: »Man muss daher den Staat wie ein Irdisch-Göttliches verehren.« Dass er damit Propaganda für Preußen macht, ist ein naheliegendes Missverständnis, das Hegel vorausgesehen hat. Sein Versuch, aus der kontingenten Wirklichkeit das Affirmative, das Gute herauszuarbeiten, bekommt es notwendigerweise mit dem Problem zu tun, dass die Gewohnheit der staatlichen Ordnung die Bürger rasch vergessen lässt, was sie ihr verdanken. Was die Institutionen alltäglich leisten, dringt nicht mehr ins Bewusstsein und wird – Stichwort Bürokratie – gerne zum Thema leichtsinniger Kritik. »Durch die Gewalt, meint die Vorstellung oft, hänge der Staat zusammen; aber das Haltende ist allein das Grundgefühl der Ordnung, das alle haben.«

Dieses Grundgefühl der Ordnung bezieht sich nicht mehr auf den Nomos der Antike oder den Ordo des Mittelalters. Es gibt jetzt keinen natürlichen oder transzendenten Maßstab mehr. Deshalb heißt Hegels berühmtestes Buch Phänomenologie: Philosophie ist reines Zusehen dabei, wie das in sich widersprüchliche Primitive sich selbst aufhebt. Die Konjunktur des Wertbegriffs im 19. Jahrhundert nach Hegel ist ein besonders deutliches Zeichen für diesen Verlust jedes vorgegebenen Maßstabs. Es ist dann eben der Wert, der das Gute ersetzt – so deutlich bei Nietzsche und Max Weber. Es gibt keine Wertordnung, man muss sie erst schaffen. An Weber lässt sich zeigen, wie es genau an dieser Stelle zu einer entschieden liberalen Positivierung dessen kommt, was bei

Hegel »Entfremdung« heißt. Entfremdung besagt nämlich, dass meine Privatinteressen und die Interessen der Allgemeinheit nicht identisch sind. Arnold Gehlen spricht sogar von einer Geburt der Freiheit aus der Entfremdung, und Helmuth Plessner positiviert die Entfremdung zu einem Gesellschaftsethos des Abstands und der Distanz in einer »Kultur der Unpersönlichkeit«. Diese Theorielinie ist die rechtshegelianische Rezeption des Entfremdungsbegriffs.

Hegels Rechtsphilosophie will uns zusehen lassen, wie sich das in sich Widersprüchliche selbst aufhebt, und zwar gerade an der Wirklichkeit des Staates. Der Widerspruch, um den es hier geht, ist auf den ersten Blick natürlich der zwischen dem Wesen des modernen Staates und seiner preußischen Empirie. Was Hegel aber wirklich zeigt, ist, dass die Einheit von Sollen und Sein gerade durch die Trennung von Legalität und Moralität erkennbar wird. Seine berühmte Sollenskritik kämpft gegen die Politisierung der Moral und die Moralisierung der Politik – Prozesse, die durch die Anmaßungen der Innerlichkeit den Bestand des Staates gefährden. Die Selbstgewissheit dessen, der seinem Gewissen die höchste Autorität zuschreibt, ist für Hegel nämlich die »gemeinschaftliche Wurzel« der Moralität und des Bösen.

Hegels Kritik des Sollens richtet sich zum einen gegen den Moralismus und zum anderen gegen die Besserwisser, die an allem Bestehenden etwas auszusetzen haben. In seiner *Logik* gibt er ihnen folgenden Bescheid: »Aber in der Wirklichkeit selbst steht es nicht so traurig um Vernünftigkeit und Gesetz, dass sie nur sein sollten«. Der bei Hegel so zentrale Begriff der dialektischen Vermittlung macht gerade deutlich, dass Sein und Sollen nicht einfach entgegengesetzt sind. »Was sein soll, ist und ist zugleich nicht.« Man kann sich das am besten biologisch am Begriff des Triebs und ethisch am Begriff der Pflicht verdeutlichen. Im Trieb geht das Lebendige über sich selbst hinaus, und in Erfüllung der Pflicht transzendiert der Mensch sein Privatinteresse, bricht er den Eigensinn und die Selbstsucht.

Der Grund des moralistischen Protests gegen das Bestehende ist nicht das, was ist, sondern dass das, was ist, nicht ist, wie es sein soll. Hegels Sollenskritik will deshalb zeigen, dass das, was ist, sein muss – und deshalb sein soll. Diese Argumentation stützt sich auf einen emphatischen Wahrheitsbegriff, der alles Kontingente ausspart und ignoriert. Damit gewinnt auch die berüchtigte Formel von der Vernünftigkeit des Wirklichen durch Hegels Sollenskritik ihren Sinn. So heißt es in der *Phänomenologie des Geistes*: »Was sein soll, ist in der Tat auch, und was nur sein soll, ohne zu sein, hat keine Wahrheit.« Das Vernünftige kann niemals das sein, was bloß gefordert wird – aber es ist eben auch nicht bloß das Bestehende. Man könnte diese Sollenskritik Hegels deshalb in die Form der Frage bringen: Inwieweit ist schon, was sein soll? Hier wird die zentrale Bedeutung des Vermittlungsbegriffs in Hegels Philosophie deutlich. Immer wieder stellt er den Forderungen des Sollens die Vermittlung der Ideen in der Wirklichkeit gegenüber. Mit seinem Beharren auf der Wirklichkeit des Vernünftigen kritisiert Hegel den unterkomplexen Wirklichkeitsbegriff der Utopisten und Moralisten.

Gleiches gilt für den Wirklichkeitsbegriff des berühmtesten Hegelkritikers, Karl Marx. So heißt es in seiner *Kritik der Hegelschen Rechtsphilosophie*: »Hegel ist nicht zu tadeln, weil er das Wesen des modernen Staates schildert, wie es ist, sondern weil er das, was ist, für das Wesen des Staates ausgibt.« Für Marx ist Hegels Wirklichkeitsbegriff also nur das Produkt einer Mystifikation. Tatsächlich aber liegt Hegel ganz auf der Linie von Hobbes' Staatstheorie. Wie Hobbes geht auch Hegel vom Begehren nach Anerkennung aus, das in der Urszene des Kampfes auf Leben und Tod gipfelt.

Vor allem in dem berühmten Herr-Knecht-Kapitel seiner *Phänomenologie des Geistes* schließt Hegel deutlich an Hobbes' Theorie des Naturzustandes an. Der Herr steht für die Politik, denn er nimmt den lebensgefährlichen Kampf auf. Dagegen steht der Knecht für die Wirtschaft, denn sein

Schicksal ist die Arbeit – für den Herrn. Der Herr emanzipiert sich also von der Natur, indem er sein Leben im Prestigekampf riskiert; der Knecht emanzipiert sich von der Natur, indem er arbeitet und die technische Welt, also die künstliche, zweite Natur schafft. Entscheidend ist hier, dass der Kampf auf Leben und Tod nicht damit endet, dass der andere getötet, sondern dass er besiegt und geknechtet wird. In diesem Verhältnis steht der Knecht für die Selbsterhaltung, der Herr dagegen für das Begehren nach Anerkennung. Doch auch der Arbeiter will anerkannt werden – von seinesgleichen. Sein Begehren nach Anerkennung hat Alexandre Kojève so charakterisiert: »Es ist menschlich zu begehren, was die anderen begehren, weil sie es begehren.« Das ist der Urgrund aller Frustration. Kojève bringt das auf die Gleichung »unbefriedigt = unfriedlich«. So lässt sich der Hobbes'sche Kampf aller gegen alle umdeuten in das Hegel'sche Begehren nach Anerkennung.

Wie Hobbes erkennt auch Hegel die Überlegenheit des Unterlegenen an, also des knechtischen Bewusstseins, das aus Furcht vor dem Tod die Sicherheit wählt – nämlich die Sicherheit der bürgerlichen Existenz. Für Marx dagegen hat Hegels Staat die Bürger ausgeblendet, und die bürgerliche Gesellschaft hat den Staat ausgeblendet. Doch zu dieser Einschätzung kann man nur im Blick auf ein revolutionäres Telos gesellschaftlicher Entwicklung kommen, in diesem Fall die klassenlose Gesellschaft und das Dahinschwinden des Staates. Die liberale Positivierung der »Entfremdung« bietet dagegen ein ganz anderes Bild, nämlich das einer stabilisierten Spannung zwischen modernem Staat und bürgerlicher Gesellschaft.

Wenn der Staat die Bedingung der Möglichkeit von Freiheit ist, dann ist jedes Mittel recht, das ihn vor ethischer oder religiöser Subversion schützt. Für Hegel ist es deshalb nur eine Trivialität der Moral, dass der Zweck die Mittel nicht heilige, wenn es um die Rettung des Staates geht. Wie Machiavelli anerkennt er die höchste Pflicht der Selbsterhaltung des Staates – gegen »das Gesetz des Herzens und den Wahnsinn des Eigendünkels«. Doch darf Hegels Kampf gegen die Anmaßungen der Innerlichkeit und die »böse« Selbstgewissheit des Gewissens nicht verstanden werden, als ob die für die Politik unzugängliche Gesinnung für den Bestand des Staates ausschließlich ein Störfaktor sei. Aus der Trennung von Staat und Religion folgt für Hegel nämlich nicht die Trennung von Staat und Kirche. Im Gegenteil. Hegels Staat instrumentalisiert die Religion als Mittel der Gesinnungsbildung. Er braucht die Religion, um sich des Zutrauens der Menschen zu versichern.

Soweit die Religion sich nicht polemisch gegen den Staat stellt, wird sie von diesem also nicht nur geduldet, sondern sogar geschützt, denn Hegel erkennt, dass die Religion das für den Staat »Tiefste der Gesinnung integrierende Moment ist«. Laizismus wäre demnach politisch dysfunktional. Deshalb sollen sich alle Bürger zu einer Kirchengemeinde halten – »übrigens zu irgendeiner«, denn für den Staat ist es irrelevant, welche konkreten Vorstellungen der Glaube des Einzelnen entwickelt. Je stärker der Staat, desto liberaler kann er im Umgang mit Sekten sein. Er kann sogar tolerant gegenüber denjenigen sein, die gewisse Bürgerpflichten »religiös nicht anerkennen«, solange sie diese Pflichten »passiv« erfüllen – wie etwa Pazifisten, die kompensatorisch andere Leistungen für den Staat erbringen.

Dass der Bürger dem Staat im »Tiefsten der Gesinnung« integriert sein muss, zeigt sich am deutlichsten im Kriegsfall. Wenn der Staat nämlich von Feinden bedroht wird, hat der Bürger die Pflicht, sein Leben zu dessen Verteidigung einzusetzen. Hier wird die Hobbes'sche Rationalität der Furcht vor gewaltsamem Tod gesprengt. Nur in diesem Zusammenhang hält Hegel Tapferkeit für eine Tugend, denn der Akzent liegt dabei nicht auf dem persönlichen Mut, sondern auf der Bereitschaft, sich in den Dienst des Staates zu stellen. Den Mut, das eigene Leben zu riskieren, haben nämlich auch Verbrecher und Abenteurer. In der Selbstbehauptung des Staates gegen feindliche Mächte geht es jedoch darum, dass »der persönliche Mut als ein nicht persönlicher erscheint«. Der Einzelne riskiert sein Leben nicht im Kampf gegen einzelne Individuen, sondern gegen ein »feindseliges Ganzes überhaupt«. Immer wieder betont Hegel in diesem Zusammenhang das Mechanische des modernen Krieges und seiner Fernwaffen. Das konkrete Kampfgeschehen ist deshalb für jeden Einzelnen »das feindseligste und dabei persönlichste Handeln gegen Individuen bei vollkommen gleichgültiger, ja guter Gesinnung gegen sie als Individuen«. Wir werden diesem Gedanken in der Anerkennung des gerechten Feindes bei Carl Schmitt wieder begegnen.

Max Weber und der Pakt mit dem Teufel

Den größtmöglichen Kontrast zu Hegels Staatsmetaphysik bieten die politischen Schriften Max Webers. Er ist nicht der philosophische Beobachter, der zusieht, wie sich die Vernunft im Prozess der Weltgeschichte in der Wirklichkeit manifestiert, sondern er möchte zeigen, wie Menschen Rationalität überhaupt erst in die Welt hineinbringen. Wirklichkeit ist für Weber zunächst einmal ein in sich bedeutungsloses Chaos von Ereignissen. Dieser irrationalen Welt tritt der Mensch in Prozessen der Intellektualisierung und Rationalisierung durch Wissenschaft und Technik gegenüber. Das moderne Resultat bringt Weber auf die poetische Formel von der »Entzauberung der Welt«, die sich nur durch Berechnen beherrschen lässt. Dabei ist Technik nicht einfach angewandte Wissenschaft, sondern Wissenschaft ist als Fachwissenschaft selbst Technik.

Wenn Weber das Spezifische der modernen Welt in den Prozessen der Rationalisierung sieht, dann entspricht das durchaus dem Marx'schen Begriff der »Selbstentfremdung«. Die Herrschaft der Dinge über den Menschen, die mit dem Begriff Selbstentfremdung gemeint ist, resultiert aus der Verselbständigung der Mittel zum Selbstzweck. Marx hat das durch die Transformation von W-G-W zu G-W-G erklärt: Zunächst tauscht man Waren gegen Geld, um dann selbst wieder Waren zu kaufen; aber am Ende sind die konkreten Waren nur noch das Mittelglied eines Prozesses, der von Geld zu mehr Geld führt – eine Realabstraktion, die der Philosoph Georg Simmel dann zur Tragödie der Kultur verallgemeinert hat.

Das gilt auch für die neuzeitliche Politik. Die Rationalisierung der Herrschaft vollzieht sich im Medium der Bürokratie, gelenkt von Fachmenschen, deren Sachlichkeit und Berechenbarkeit durch formal-juristisches Denken geschult ist. Die beamtete Funktionselite des bürokratischen Apparats herrscht über den Alltag der modernen Gesellschaft. Der Beamte ist also als der Techniker des politischen Systems zu verstehen. Wenn Max Weber in aller wünschenswerten Deutlichkeit von der »Diktatur des Beamten« spricht, dann ist nicht mehr, wie noch bei Hegel, vom Beamtentum als politischer Elite, sondern als technischer Apparatur die Rede.

Die Herrschaft liegt bei den Beamten, und sie vollzieht sich als Verwaltung unseres Alltags nach formal-rationalem Kalkül. Es ist eine Herrschaft kraft »Dienstwissen«. Der Beamte ist eine intelligente Maschine im modernen Staat, der als rationaler Betrieb funktioniert. Der neue Leviathan ist also nicht mehr auf den Souverän hin orientiert, sondern beruht auf der Bürokratie, die als perfekte Menschenmaschine funktioniert. Fachmensch und Betriebscharakter statt Souverän und Dezision – das entspricht dem, was Hegel »Verstandesstaat« nannte. Die Tragödie der modernen Kultur kennt wie die antike Tragödie ein unentrinnbares Schicksal, nämlich die universale Bürokratisierung, die uns in ein stählernes »Gehäuse der Hörigkeit« bannt.

Unentrinnbares Schicksal, Verhängnis, Endgültigkeit, eherner Zwang – das sind Vokabeln, die bei Weber ständig wiederkehren und die Tragödie der modernen Kultur näher charakterisieren. Er verzaubert die Entzauberung der Welt zum Schicksal. Dabei ist es entscheidend, zu sehen, dass diese Schicksalsmächte umso schicksalhafter sind, je rationaler sie sind. Politisch zeigen sie sich im Kampf um die Macht, wirtschaftlich im kapitalistischen Kalkül und bei beiden gesellschaftlichen Systemen in der Sachlichkeit der Bürokratie. Wenn aber die reale Herrschaft im modernen Staat in den Händen der Beamten, also in der Verwaltung liegt, dann wird der Grad der Bürokratisierung geradezu zum »Maßstab der Modernisierung des Staates«. Er ist ein Betrieb, nicht anders als eine Fabrik. Weber definiert die bürokratische Organisation deshalb als »lebende

Maschine«, die wie die Maschinen in den Fabriken »geronnener Geist« ist, und wir alle sind Gefangene in diesem Gehäuse.

Die einzigartigen Bedingungen moderner Freiheit kann Max Weber nur noch im Rückblick beschreiben. Schon Ende des 19. Jahrhunderts sind sie nicht mehr gegeben – der selbstbewusste Kolonialismus, der Aufbruch des rationalen Kapitalismus, die Prozesse der Verwissenschaftlichung und die protestantische Ethik der Berufsaskese. Hegels Fortschritt im Bewusstsein der Freiheit scheint gestoppt, und die Zeichen stehen auf Unfreiheit. Hier kann eine Kritische Theorie der Gesellschaft mit einer Dialektik der Aufklärung und Rationalisierung einsetzen. Die moderne Freiheit Hegels jedenfalls gibt es für Weber nicht mehr, allenfalls noch Reste von »Bewegungsfreiheit«, für die es sich mit allen Kräften einzusetzen gilt.

Bewegungsfreiheit in der Entfremdung – in diesem tragischen Bewusstsein verharrt Weber; das heißt er verweigert noch die Umwertung seiner Grunderfahrung in ein Lob der Institutionen, das dann für die Soziologie Arnold Gehlens charakteristisch wurde, nämlich die These von der Geburt der Freiheit aus der Entfremdung. Die Reste von Bewegungsfreiheit verdankt der Mensch seiner Fähigkeit zu »teleologisch-rationalem Handeln«, wobei »rational« zweckrational bedeutet und »teleologisch« die konstante Orientierung an letzten Werten. Frei ist die rationale Wahl der technisch adäquaten Mittel für einen bewussten Zweck. Diese Zweckrationalität des »wertungläubigen« Handelns steht in scharfem Gegensatz zum wertrationalen Handeln, das nur den Maßstab des Sollens kennt.

Innerhalb des politischen Systems kämpft der Politiker um jene Reste der Bewegungsfreiheit, die die Diktatur der Beamten noch zulässt. Der Politiker ist der Gegenspieler des Beamten, der *sine ira et studio*, also streng sachlich und unparteilich seines Amtes waltet. Doch offenbar gibt es für Weber zweierlei Sachlichkeit, denn auch die leitende Tätigkeit des politischen Führers ist auf Sachlichkeit verpflichtet. Paradox spricht Weber hier von politischer Leidenschaft als Sachlichkeit und meint die Hingabe an eine Sache. Das motiviert die Anführungszeichen in Carl Schmitts Rede von der »unvermeidlichen ›Unsachlichkeit‹ aller politischen Entscheidungen«. Wenn Weber vom wahren Politiker Leidenschaft und Augenmaß zugleich fordert, dann erinnert das nicht nur an Nietzsches »Pathos der Distanz«, sondern auch an Hegels »kalte Begeisterung« als Leidenschaft des politischen Menschen. Klare Besonnenheit muss den Enthusiasmus temperieren.

Tatsächlich lässt sich die Paradoxie so auflösen: Im Begriff der Verantwortung gelingt es Max Weber, Leidenschaft in ihrem scheinbaren

Gegenbegriff, nämlich Sachlichkeit, zu verankern. Leidenschaft weckt die Aufmerksamkeit, die politische Urteilskraft überhaupt erst ermöglicht. In seiner Rede über Politik als Beruf geht es um die Passion, für die Politik zu leben. Beruf ist hier im Sinne von Berufung gedacht – in polemischem Gegensatz zur heutigen »Herrschaft der ›Berufspolitiker‹ ohne Beruf«. Die charismatische Gabe des Führers und die geniale Eingebung vereinen sich im wahren Politiker zur »Hingabe an die Aufgabe«. Und während der Beamte ja gerade *sine ira et studio* seines Amtes waltet, heißt es bei Weber in aller Deutlichkeit: »Parteinahme, Kampf, Leidenschaft – *ira et studium* – sind das Element des Politikers«.

Kampf ist das Hauptwort bei Weber. Er sieht das Leben geprägt von Konflikten und dem unstillbaren Willen zur Macht. Stets geht es dabei um die Herrschaft von Menschen über Menschen. So lautet seine berühmteste Definition: »Politik ist: Kampf«. Wenn das gesellschaftliche Leben aber durch »unaustragbare Gegensätze« gekennzeichnet ist, dann bedeutet das für das politische System, dass es sich nach außen auf Kampf und nach innen auf Entscheidung einstellen muss. Politik ist unvermeidlich verstrickt ins »Macht-Pragma«. Dieser Begriff steht für Nutzenorientierung, kluge Abwägung und den Vorrang der politischen Urteilskraft vor allen privatmoralischen

Prinzipien. Eine Ethik der Politik muss dem unausweichlichen Sachverhalt gerecht werden, dass der verantwortliche Politiker »dem Übel gewaltsam widerstehen« muss, und das heißt, dass es notwendige, legitime Gewalt gibt.

Machtpolitik erweist sich bei Weber als unentrinnbares Schicksal jeder weltpolitisch bedeutsamen Nation. Mit seinem Handeln verwickelt sich jeder leitende Politiker notwendig in Schuld. Dieser Tragik des politischen Handelns entspricht nur eine »männliche und herbe Haltung«, die es erträgt, dass Politik immer auch Gewalt ist – und deshalb ein Pakt mit dem Teufel. Ganz in diesem Sinne hat Hellmuth Plessner vom wahren Politiker den »Mut zur Sünde« gefordert. Denn Politik ist der notwendige Kompromiss mit dem Bösen. Deshalb ist in Max Webers politischen Schriften so oft vom Dämonischen die Rede. Mit diesem Begriff des Dämonischen versucht er, das Moralisieren zu vermeiden. Ein Politiker verhält sich nicht gut oder böse, sondern sachlich oder dilettantisch.

Auch Max Weber hat einen kategorischen Imperativ: Folge deinem Dämon! Du sollst Ideale haben! Was auch immer du wählst – tu es mit ganzem Herzen! Der Mensch ist das stellungnehmende Wesen, das die Fähigkeit zur freiwilligen Wertbindung hat. Wie für Nietzsche ist auch für Weber der Mensch das wertende Wesen – in *Also sprach Zarathustra* heißt er deshalb der Schätzende. »Werte legte erst der Mensch in die Dinge, sich zu erhalten«. Die wahre Freiheit ist in diesen letzten Werten verankert, und die Würde des Menschen liegt darin, diese letzten Werte für sich selbst autonom zu setzen. Dem, was mir am wichtigsten ist, entspricht nur die leidenschaftliche Hingabe. Webers Begriff der Leidenschaft entspricht dem altgriechischen Begriff *thymos*, das ist der Ehrgeiz, der den Menschen nach Wichtigkeit, Größe und Freiheit streben lässt. Es ist eine Naturanlage wider die natürlichen Neigungen. *Thymos* hat etwas mit Mut, Stolz, Selbstsicherheit und Charakterstärke zu tun. Es geht um Selbstbehauptung und die Freude an der erfolgreichen Handlung, Herz, Hingabe, aber auch um Empfindungen, die den Mut verleihen, sich zu exponieren und der Gefahr ins Auge zu sehen. Insofern lässt sich Webers Definition des Politikers durch Augenmaß und Leidenschaft zurückübersetzen in *Thymos* und Nietzsches Pathos der Distanz.

In Platons *Politeia* spricht Sokrates vom Eifrigen und Mutartigen, das mit der Vernunft und dem Begehren zu einer Symphonie zusammenstimmen muss. Gerade dieses Eifrige und Mutartige aber wird von der modernen Gesellschaft verdrängt. Max Weber hat das Resultat dieses Entmännlichungsprozesses in einem genial erfundenen »Nietzsche-Zitat« resümiert, das sich am Ende seiner Studie über die protestantische

Ethik und den Geist des Kapitalismus findet: »Fachmenschen ohne Geist, Genussmenschen ohne Herz: Dies Nichts bildet sich ein, eine nie vorher erreichte Stufe des Menschentums erstiegen zu haben.« Die einen folgen diszipliniert der Logik des Büros, die anderen folgen enthemmt dem Begehren; aber was beiden fehlt, ist *thymos*.

Max Webers Pathos und Ethos der bewussten Lebensführung konzipiert das Leben als Kette eigener letzter Entscheidungen zwischen todfeindlichen Werten. Werte sind keine funktional äquivalenten Alternativen. Weber ist kein Relativist. Er sieht noch den tödlichen Kampf zwischen den Werten, wo die moderne Soziologie nur noch von Ausdifferenzierung spricht. So wird aus Webers Polytheismus der Wertreihen und ihrem ewigen Kampf bei Niklas Luhmann der Perspektivismus einer »Mehrheit von Systemreferenzen«. Der Philosoph Odo Marquard positiviert sie zur »Gewaltenteilung im Absoluten«, indem er die Wiederkehr des Polytheismus als gegenseitige Ausbalancierung der Institutionen und Organisationen deutet.

Damit wird das dezisionistische Moment, das Eigenrecht der Entscheidung ausgeblendet. Dagegen betont Weber immer wieder den Zwang zur Entscheidung, denn die politischen Spannungen sind unüberbrückbar, die Kämpfe »unaustragbar«. Doch nicht nur die politische Notwendigkeit, sondern die Würde des Menschen selbst verlangt, den eigenen letzten Werten zu opfern. Nichts ist Weber deshalb fremder als die psychoanalytische Kostenrechnung der Verdrängung von Triebregungen, die Freud anstellt. »Je nach der letzten Stellungnahme ist für den Einzelnen das eine der Teufel und das andere der Gott, und der Einzelne hat sich zu entscheiden, welches für ihn der Gott und welches der Teufel ist.« Dieser Kampf der Wertreihen ist polytheistisch; er hat also gerade nichts mit dem Gott des Christentums zu tun.

Eines ist hier besonders wichtig: Max Weber relativiert zwar den Begriff des Rationalen, aber nicht den Begriff des Werts. Rational erscheint etwas immer nur in einer bestimmten Wertperspektive. Webers Erkenntnistheorie könnte man deshalb als Perspektivismus der Wertideen charakterisieren. Weil es keine objektiven Maßstäbe mehr gibt, bleiben dem Erkennenden nur der bewusste, transparente Wertbezug seiner Analysen und die Konstruktion von Idealtypen, die gar keinen Anspruch auf empirische Wirklichkeit haben. Umso wichtiger ist es deshalb, Erkenntnis von Wertung zu trennen. Die wissenschaftliche Analyse ist etwas anderes als die politische Stellungnahme, und der unvermeidliche Wertbezug einer Analyse ist noch kein Werturteil. Das Werturteil ist eine Entscheidung, keine Schlussfolgerung und deshalb unhintergehbar. Das bedeutet auch: Auf Werturteile kann man nur mit Werturteilen reagieren.

Der Soziologe Ralf Dahrendorf hat diese zutiefst liberale Überzeugung auf die Formel gebracht: »Das Gerechte ist ungewiss.« Es gibt kein wahres Wertesystem, das heißt, es gibt kein wahres Wissen von dem, was man tun soll. Hegels Sollenskritik wird von Weber also gerade widerrufen. Die Kluft zwischen Sein und Sollen, zwischen Wirklichkeit und Wert ist unüberbrückbar – und deshalb liegt die Last der Entscheidung auf den Schultern jedes Einzelnen. Hier gibt es keinen Konsens und keine Vermittlung, weil jeder, der sich selbst versteht, seinem eigenen höchsten Wert folgen muss. Wert stößt auf Wert. Mit diesem Begriff der »Wertkollision« schließt Weber einen Werterelativismus gerade aus.

Die Freiheit der Persönlichkeit zeigt sich im leidenschaftlichen Engagement für einen absoluten Wert. Im Kern geht es dabei um meine Wahl des für mich höchsten Guts und meine leidenschaftliche Hingabe für dieses. »Denn nichts ist für den Menschen als Menschen etwas wert, was er nicht mit Leidenschaft tun kann.« Karl Löwith bezeichnet Webers Dämon der Leidenschaft treffend als »grundlosen Grund seiner Zwecksetzung«. Dass Leo Strauss diese Haltung als edlen Nihilismus charakterisiert, ist dagegen deshalb unzutreffend, weil der Dämon der Leidenschaft sachlich geerdet ist. Dafür steht Webers Lieblingszitat aus Goethes *Maximen und Reflexionen*: »Was aber ist deine Pflicht? Die Forderung des Tages.« Weber stellt diese »Forderung des Tages« immer wieder den moralischen Forderungen der Idealisten entgegen, die nichts anderes sind als »Konstruktionen in einem politisch und ökonomisch leidenschaftsleeren Raum«.

Das richtige Verhältnis von leidenschaftlicher Wertbindung und Rationalität kann man sich an einem der Schlüsselbegriffe Max Webers deutlich machen: Zweckrationalität. Die »Hingabe an die Aufgabe« ist grundlos, aber die Wahl der Mittel ist rational. Insofern verknüpft der Begriff der Zweckrationalität Zweck-Mittel-Kalkül, empirische Freiheit, Persönlichkeit als konstante Wertorientierung und Verantwortung für die Folgen des eigenen Tuns. Dem stellt Weber die Wertrationalität der Gesinnungsethiker gegenüber. Während sich der Verantwortungsethiker von den voraussehbaren Konsequenzen seines Handelns mitbestimmen lässt, zählt für den Gesinnungsethiker nur die innerliche Richtigkeit seines Tuns.

Max Weber übersetzt damit Luthers Zwei-Reiche-Lehre in die Unterscheidung von Gesinnungs- und Verantwortungsethik. Die Bergpredigt als Idealtypus der Gesinnungsethik qualifiziert Weber aus der Perspektive der Politik als die Ethik der Würdelosigkeit, der er die Verantwortungsethik der »Manneswürde« entgegenstellt.

Moralistische Selbstgerechtigkeit und Gefühlsrichtigkeit dürfen demnach niemals die Basis von Politik sein. Es klingt heute aktueller denn je, wenn man bei Max Weber liest: »Die staatspolitische Gefahr der Massendemokratie liegt in allererster Linie in der Möglichkeit starken Vorwiegens emotionaler Elemente in der Politik«. Nach dem Ersten Weltkrieg gibt es dafür mit der Kriegsschuldfrage einen sehr gravierenden Anlass. Mit großer Entschiedenheit stellt Weber das verantwortungsvolle politische Urteil jeder emotionalen und privatmoralischen Beurteilung entgegen – dialektisch zugespitzt in der These, dass die »politische Schuld« darin bestehe, sich mit »Fragen der Schuld in der Vergangenheit« zu befassen. So verurteilt er in einem Brief an den klassischen Philologen Friedrich Crusius vom 24.11.1918 den »politisch-sozialen Masochismus jener würdelosen Pazifisten, die jetzt wollüstig in ›Schuld‹-Gefühlen wühlen«. Carl Schmitt greift dieses Thema in seiner Schrift über den diskriminierenden Kriegsbegriff wieder auf.

Auch auf der Ebene großer Politik stellt sich für Weber die Frage nach möglicher Bewegungsfreiheit. Dem Rest Bewegungsfreiheit, den sich der Einzelne erkämpfen muss, entspricht politisch der »Ellenbogenraum« für die Nation. In seiner akademischen Antrittsrede an der Universität Freiburg vom Frühjahr 1895 fällt das Wort vom »Maß des Ellenbogenraums«, den die deutsche Politik in der Welt erringen müsse. Dem entspricht das Verständnis des Nationalstaates als weltlicher Machtorganisation, für die die Staatsräson als »der letzte Wertmaßstab« zu gelten habe. Machiavellismus ist für Weber also gerechtfertigt, wenn es um das Überleben der eigenen Nation geht. »Die Frage: wie fangen die politisch herrschenden Gewalten es an, sich in ihrer Herrschaft zu behaupten?, gilt für jede Art von politischer Herrschaft.« Das klingt ganz nach Machiavell, und für beide gilt: Jeder erfolgreiche Politiker hat sein gutes Gewissen dem Staat geopfert. Weil Politik ein Pakt mit diabolischen Mächten ist, gefährdet sie das Seelenheil. Noch 1919, in seiner Rede über Politik als Beruf, beruft sich Weber auf das Modell Machiavellis.

Ellenbogenraum der Nation, Reste von Bewegungsfreiheit für den Einzelnen – es gibt für Max Weber Kräfte, die sich dem Schicksal der Bürokratisierung aller Lebensverhältnisse entgegenstemmen. Im Privatleben sieht er das Sprengende in der Erotik, im öffentlich-politischen Leben ist es das Charisma. Die Revolutionierung der modernen Welt verdankt sich nicht nur der Rationalisierung von außen, sondern auch dem Charisma von innen. Auf den ersten Blick ist Charisma eher ein biologischer als ein soziologischer Begriff für die Faszinationskraft des Führers. Es geht darum, dass die Aufmerksamkeit der Masse auf das dominante politische Tier fokussiert ist. Die Legitimität charismatischer Führung hat der Anglist Dietrich Schwanitz ironisch-zirkulär begründet: »Wer die Mitte der Bühne erobert, hat damit bewiesen, dass er ein Eroberer ist. Ihm gehört also die Mitte der Bühne.«

Die charismatische Autorität hat demnach nichts mit sozialer Herkunft und Tradition zu tun, sondern entsteht spontan: die säkularisierte Gnadengabe Gottes. Entscheidend ist also gerade die Außeralltäglichkeit des Charismas. Der Aufgabe des Führers, bei dem der Beruf tatsächlich Berufung ist, nämlich neue Gebote, ja eine völlige Neuorientierung des Lebens zu bringen – heute würde man wohl von Innovation und *leadership* sprechen –, entspricht die bedingungslose Hingabe der Anhänger. Charismatisch ist »Herrschaft kraft Hingabe der Gehorchenden«. Es geht hier um die Legitimität einer Herrschaft jenseits von Tradition und Legalität.

Charismatische Legitimität ist demnach ein Begriff der politischen Theologie. Ihm entspricht der politische Begriff des Cäsarismus als der »Regierungsform des Genies«. Max Weber denkt hier vor allem an den Machiavellismus des Fürsten Bismarck. Das ist durchaus kritisch gemeint, nämlich im Sinne einer Kritik der »verspäteten Nation« Deutschland, der politischen Unreife der

Deutschen, ihrer geschwächten politischen Urteilskraft angesichts des Fürsten Bismarck, dessen Herrschaft »halb ›cäsaristisch‹, halb ›patriarchalisch‹« war. Weber zeichnet hier das Deutschland des Kaiserreichs als Nation ohne politischen Willen. Bismarck als die schirmende und schützende Cäsarengestalt lässt die politische Urteilskraft der Deutschen verkümmern. So lassen sie sich den Paternalismus eines Wohlfahrtsstaats bieten, der das »Gehäuse für die neue Hörigkeit« errichtet, in dem sich die Menschen »wie eine Schafherde regieren« lassen.

Carl Schmitt und die Faszination des Ausnahmezustandes

Wie Max Weber geht auch Carl Schmitt davon aus, dass der moderne Staat ein großer, rein sachlicher Betrieb geworden ist, in dem das eigentlich Politische nur noch als Störfaktor erscheinen kann. Doch Schmitt fasst den schicksalhaften Prozess der abendländischen Rationalisierung aller Lebensbereiche anders als Weber, nämlich als Prozess der Neutralisierung; und damit kann er unmittelbar an Hobbes anschließen. Neutralisierung besagt, dass sich im Verlauf der Neuzeit die Bezugssysteme der Politik verschoben haben, nämlich vom Theologischen und Metaphysischen zum Ökonomischen und Technischen.

Dieser Neutralisierungsprozess verdrängt das Politische durch »das Bürgerlich-Rechtstaatliche«. Für den Staatsrechtler Schmitt ist der Rechtsstaat also »eine antipolitische Form«. Um diese zunächst verblüffend klingende These besser zu verstehen, muss man sich ihren polemischen Index verdeutlichen. Carl Schmitts Gegenspieler war der Rechtsphilosoph Hans Kelsen, für den der Staat nichts anderes als die Rechtsordnung sein sollte.

Kelsen nahm die Paradoxie einer »Staatslehre – ohne Staat« in Kauf, weil er nur in dieser Konstruktion die Möglichkeit sah, Recht und Politik von der Theologie zu emanzipieren.

Vor diesem Hintergrund bekommt die berühmt gewordene, extreme Säkularisationsthese Schmitts Kontur. Die These lautet, dass alle modernen staatsrechtlichen Begriffe säkularisierte theologische Begriffe sind, und sie findet ihre stärkste Stütze in der Analogie von Gottes Allmacht und der Allmacht des Souveräns. Auch Kelsen sieht, dass die »Einzigkeit des theologischen Gottes die volle Übereinstimmung der logischen Struktur dieses Begriffes mit jener des juristischen Begriffes eines souveränen Staates bestätigt«. Nur stellt sich dann eben die Frage, ob Menschen oder Normen herrschen. Ist der Staat souverän, oder ist es das Recht? Auf diese Frage antwortet Schmitt mit spezifisch politischen Unterscheidungen: Norm und Entscheidung, Recht und Staat und Alltag und Ausnahme.

Damit sind wir bereits beim Begriff des Politischen selbst. Carl Schmitt unterscheidet die politische Unterscheidung von allen anderen Unterscheidungen. Das Politische ist keine »Kulturprovinz« wie etwa bei dem Neukantianer Paul Natorp, aber auch kein »soziales System« wie bei dem Soziologen Niklas Luhmann. Das Politische ist für Schmitt gerade nicht die Politik der modernen

Gesellschaft, also ein autonomes Teilsystem, sondern es ist ubiquitär. Oder um es in der Sprache der Soziologen zu sagen: es kann nicht ausdifferenziert werden. Alle Themen des gesellschaftlichen Lebens können zu Politik erhitzt werden.

Man mag Max Webers Gleichsetzung von Politik und Kampf überspitzt finden, aber es ist sicher unstrittig, dass es immer um Kontroverses, Strittiges geht – »polemos« ist der griechische Begriff für Streit. Daraus folgt, dass der Begriff des Politischen selbst ein politischer Begriff ist, also einen polemischen Sinn hat. Das Politische ist kein in natürlicher Weise abgrenzbares Sachgebiet, es ist immer auch – so die Formulierung von Wilhelm Hennis – der »Kampf um die Grenze« zum Unpolitischen. Die Entscheidung, ob etwas politisch oder unpolitisch ist, ist also immer eine politische Entscheidung – und in dieser Entscheidung liegt die Einheit der Unterscheidung von Politisch und Unpolitisch. Carl Schmitt nennt sie »die maßgebende Einheit«.

Wie wir bereits bei Machiavelli und Hobbes gesehen haben, ist im Politischen die Klugheit wichtiger als die Weisheit, weil es nicht um Wissen, sondern um Entscheidung geht. Die persönliche Entscheidung leistet, was eine Norm niemals leisten kann: Sie verwirklicht »das gute Recht der richtig erkannten politischen Situation«. Wenn wir uns also fragen, was es politisch heißt, das

Richtige zu tun, dann müssen wir vor allem einsehen, dass sich das Richtige nicht von selbst ergibt und dass es nicht das Resultat von Begründungen und Diskussionen ist. Stattdessen ist für Carl Schmitt »der Kern der politischen Idee die anspruchsvolle moralische Entscheidung«. Was politisch das Richtige ist, hängt so sehr von der konkreten Situation ab, dass im Grenzfall das Dass der Entscheidung wichtiger ist als das Was. Deshalb betont Schmitt, nur scheinbar gegen Max Weber, immer wieder »die unvermeidliche ›Unsachlichkeit‹ aller politischen Entscheidungen«. Unsachlichkeit meint hier jedoch nicht Irrationalität, sondern die moralische Persönlichkeit und historische Bestimmtheit durch die konkrete Situation.

Ständig wiederholt Schmitt die Hobbes'sche Frage: Wer entscheidet? Heute würde man wohl auf Algorithmen verweisen, also auf die Programmierung von Entscheidungen nach dem Wenn-dann-Schema. In diesem Sinne hat Luhmann von der »Entscheidungsbürokratie des Staates« gesprochen. Dagegen beharrt Schmitt auf der »Existenzialität des Politischen«. »Politisch« ist Carl Schmitts Begriff für das Existenzielle. Es gibt für ihn, wie schon für Machiavelli, keine richtige Politik, weil das einen Maßstab voraussetzen würde, den man von außen an sie anlegt, und somit gibt es kein Außerhalb der Politik. Schmitt schreibt: »Die Möglichkeit richtigen Erkennens und Verstehens und damit auch die Befugnis mitzusprechen und zu urteilen ist hier nämlich nur durch das existenzielle Teilhaben und Teilnehmen gegeben. Den extremen Konfliktfall können nur die Beteiligten selbst unter sich ausmachen.« Das Maß der Politik lässt sich nicht aus Normen entwickeln. Wir kommen gleich ausführlich auf den extremen Konfliktfall, den Ausnahmezustand zurück.

Dieses Existenzielle bedingt »die unvermeidliche ›Unsachlichkeit‹ aller politischen Entscheidungen«. Ist das aber tatsächlich gegen Webers Forderung der Sachlichkeit gerichtet? Schmitt geht es nur darum, dass es hier keine wissenschaftliche Objektivität geben kann – und deshalb steht der Politiker in der Verpflichtung des richtigen, entscheidenden Augenblicks und der entscheidenden Situation. Carl Schmitt übernimmt von Machiavelli die Theorietechnik, sich immer am extremen Fall zu orientieren. In jedem extremen Fall wiederholt sich nämlich die Urszene der Politik, die Stiftung von Ordnung aus dem Chaos.

Zu Recht hat man Carl Schmitt als Kronjuristen des Dritten Reiches bezeichnet. Seine Begeisterung für den »Aufbruch« 1933 lässt sich so wenig leugnen wie sein Antisemitismus, der sich ausgerechnet in seinem wichtigen Hobbes-Buch austobt. Aber die dritte seiner entscheidenden

Positionen hat wohl noch mehr skandalisiert, nämlich die radikale Orientierung des politischen Denkens an der Unterscheidung von Freund und Feind. Die Form dieser Unterscheidung ist für Schmitt politisch transzendental; und genau auf sie zielt sein Begriff des Politischen. Dieser ist definiert durch die »Aufgabe, Freund und Feind richtig zu unterscheiden«.

Feindschaft erweist sich hier als ein ausdifferenzierter Begriff. Der politische Feind ist weder ein wirtschaftlicher Konkurrent noch moralisch böse; er ist weder ein Diskussionsgegner noch ein privater Gegner. Der Feind ist auch nicht der agonale Gegner der Antike. Diese Abgrenzungen spitzen zum einen den Begriff des Politischen zu, sie stehen aber zum anderen für einen Begriff von Humanität, der sich auf die Unterscheidung von Feind und Verbrecher konzentriert.

Humanität ausgerechnet aus der Unterscheidung von Freund und Feind abzuleiten, ist zunächst ein höchst gewöhnungsbedürftiger Gedanke. Aber die dialektische Implikation ist klar: Wer keinen Feind mehr kennt, braucht einen Sündenbock. Wer einen diskriminierenden Begriff des Krieges durchsetzt, in dem die Guten gegen die Bösen kämpfen, macht aus den Verlierern Verbrecher. Entsprechend versucht Schmitt die Humanität nicht im Frieden zu verankern, sondern im Krieg, der wohlgemerkt noch im Stile des 18. und 19. Jahrhunderts als »gehegter«, nicht als totaler Krieg gedacht wird. Der Feind soll im Krieg nicht vernichtet, sondern nur »in seine Grenzen« zurückgewiesen werden. Man könnte die Unterscheidung von Freund und Feind als Urform der Abstandnahme begreifen und den Krieg entsprechend als extremste Form der Distanzierung. Es geht dabei um die Messung der Kräfte, die mit der Demarkation einer gemeinsamen Grenze endet.

Der Krieg wird von Schmitt existenziell, nicht normativ betrachtet. Er kann nicht ethisch legitimiert werden, und er ist niemals gerecht. Gerecht ist nicht der Krieg, sondern der Feind. Hier kann Schmitt an die Schrift Hegels aus dem Jahre 1801 über die Verfassung Deutschlands anschließen, die gegen die »Menschenfreunde und Moralisten« gerichtet ist, die den Sinn der Staatsräson nicht verstehen wollen. Im Krieg kämpft nicht Recht gegen Unrecht, sondern Rechte geraten in Widerspruch zueinander, weil beide Parteien recht haben. Ob ein Staat überhaupt den Krieg riskiert, »hängt nur von den Umständen, von den Kombinationen der Macht, d. h. dem Urteil der Politik ab« – ob es sich nämlich lohnt, die eigenen Ansprüche mit aller Gewalt zu verteidigen. Nicht die Wahrheit entscheidet, wer bei der Kollision von Rechten recht hat, sondern der Krieg, »denn beide Teile haben ein wahres Recht«.

Wie bei Hegel ist auch bei Schmitt Feind gerade kein Unwertbegriff, sondern die Bedingung von Politik. Der Feind wird als gleichberechtigt anerkannt. Der § 328 von Hegels Rechtsphilosophie, der die Dialektik des Herr-Knecht-Kapitels seiner *Phänomenologie des Geistes* fortschreibt, charakterisiert den Kampf des Soldaten im Krieg als »das feindseligste und dabei persönlichste Handeln gegen Individuen bei vollkommen gleichgültiger, ja guter Gesinnung gegen sie als Individuen«. Sie kämpfen im Grunde nicht gegen einzelne Personen, »sondern gegen ein feindseliges Ganzes«. Der politische, öffentliche Feind ist nicht der private Gegner, den man hasst. Schmitt kommt deshalb immer wieder auf die Differenz der lateinischen Begriffe *hostis* und *inimicius* zurück. Der persönliche Feind, *inimicus*, wird gehasst. Der öffentliche Feind, *hostis*, wird bekämpft, aber als gerecht und gleichberechtigt anerkannt. An dieser Anerkennung des anderen als Feind hängt der humane Anspruch von Schmitts Begriff des Politischen, und zwar handelt es sich ganz im Sinne Hegels um eine Dialektik der Anerkennung: Ich definiere mich durch den, den ich als meinen Feind anerkenne. Wenn es dagegen im Matthäusevangelium 5,44 heißt: Liebet eure Feinde, dann bezieht sich das nur auf den privaten Gegner.

Jede Politik hat einen metaphysischen Kern und eine axiomatische These über die Natur des

Menschen. Die ebenso theologische wie anthropologische Grundlage der Schmitt'schen Freund-Feind-Unterscheidung ist die Überzeugung, dass der Mensch böse, und das heißt gefährlich ist. Die Wiederentdeckung der Gefährlichkeit des Menschen kann sich sowohl auf die biblische Lehre von der Erbsünde als auch auf die anthropologische Annahme stützen, dass der Mensch gefährlich ist, weil er gefährdet ist – und deshalb herrschaftsbedürftig. In diesem Punkt konvergieren theologische und politische Grundüberzeugungen.

Der gefährdet-gefährliche Mensch greift zum Mittel der Gewalt – das war bereits Ausgangspunkt der Konstruktionen Hobbes' und das Kernproblem des Politischen bei Max Weber. Sein Zeitgenosse, der Begründer der Psychoanalyse, lässt die grundlose Gewalt aus einer »primären Feindseligkeit« des Menschen entstehen: »Der Nächste«, so Freud, ist »eine Versuchung, seine Aggression an ihm zu befriedigen«. Diese natürliche Aggressivität hat die Dimensionen des Angriffs und Ausgriffs, der Prävention und des Probehandelns. Wichtig ist für unseren Zusammenhang vor allem, was wir schon bei Hobbes gesehen haben: dass nämlich Aggression aus der Nötigung zur Prävention entsteht. Der Wille zur Macht meint nichts anderes als Selbstbehauptung durch Prävention.

Die kognitive Variante der Prävention ist das Vorurteil – und der Feind ist das erste Vorurteil.

Wir erleben die Welt als Kontingenz, das zwingt uns zum Dezisionismus, zur schnellen Entscheidung, nämlich zunächst zur Unterscheidung von Freund und Feind. Diese Unterscheidung ist präventiv und präsumtiv.

Der Mensch wendet sich der Welt nicht mit dem ruhenden Blick der Kontemplation, sondern mit dem sondierenden Blick der Prävention zu. Das enthüllt uns die Urszene des Politischen: das Mängelwesen Mensch in Notwehrstellung zur feindlichen Welt. Jede Prävention ist eine rationalisierte Aggression, die sich gegen die Drohung der Unvorhersehbarkeit richtet. Jede Unterscheidung ist ein Präventivschlag, mit dem sich der Mensch Luft zum Atmen verschafft. Und deshalb kann die Urunterscheidung keine andere sein als die zwischen Freund und Feind. Der Feind ist die personifizierte Unsicherheit – und damit schon deren Absorption.

Neben die Aggressivität der Prävention tritt im sozialen Zusammenleben die Aggressivität der Rivalität. Sie zwingt uns zu der bitteren Einsicht, dass das Zwischenmenschliche im Kern destruktiv ist. Wir sind aggressiv, weil wir Rivalen sind. René Girard hat dieser Rivalität sein Lebenswerk gewidmet. Gerade die Unterscheidung von Freund und Feind befreit uns jedoch aus der mimetischen Rivalität: Ohne Rangordnung und Unterscheidung lässt sich die Aggressivität nicht neutralisieren und zähmen. Im Politischen erledigen Souveränität, Rangordnung und Staatsräson das Problem der Rivalität. Das hat Machiavelli in seinen *Discorsi* am berühmten Fall von Romulus und Remus gezeigt. Der Brudermord, also die Ausschaltung des Rivalen, macht Romulus zum Gründer Roms und zum Begründer von Herrschaft überhaupt. Das ist die Urszene der Staatsräson. Die Tat spricht gegen Romulus, aber der Erfolg rechtfertigt sie als aufbauende Gewalt.

Was verleiht nun der Freund-Feind-Unterscheidung die Kraft, von der mimetischen Rivalität zu befreien? Wie ist sie in der Lage, die urmenschliche Aggressivität zu humanem Verhalten zu sublimieren? Wie kann man verhindern, dass sie sich als Hass und Ressentiment manifestiert? Hier gibt Nietzsche einen wichtigen Fingerzeig: Aggressives Pathos muss in ein Können überführt werden. Nietzsche unterscheidet das »Feind-sein-Können« vom »Nicht-Feind-sein-Können« – wobei die Betonung jeweils auf »Können« liegt. Dahinter steht seine Polemik gegen die Moral des Evangeliums, die wir auch in Max Webers Bewertung dieser »Ethik der Würdelosigkeit« angetroffen haben.

Das Können der Feindschaft findet sein Maß am ebenbürtigen Gegner, den man gerade nicht verachtet oder persönlich herabsetzt. Nietzsche spricht in diesem Zusammenhang von der

»Gleichheit vor dem Feinde«. Den größtmöglichen Gegensatz dazu stellt die distanzlose Liebe zu allen dar, also die Ethik der Bergpredigt, die die Unfähigkeit zu Kampf und Widerstand in Moral umdeutet. Nicht-Feind-sein-Können heißt in der Sprache des Evangeliums: Widerstehe nicht dem Bösen. Wenn demgegenüber Politik heißt, dem Bösen zu widerstehen – und genau das ist die Überzeugung Max Webers –, dann wird sie von Nietzsches »Feind-sein-Können« präzise definiert.

Das hat entscheidende Konsequenzen für eine Ethik der Politik. Wie Max Weber steht auch Carl Schmitt auf der Seite von Dostojewskis Großinquisitor, das heißt, er verteidigt die Macht gegen die Ansprüche einer Güte, die nicht von dieser Welt ist. Die Botschaft des Großinquisitors lautet, dass die Güte in der Politik eine korrumpierende Kraft ist – weshalb Christus politisch unschädlich gemacht werden muss. Vor diesem Hintergrund müssen wir noch einmal die zentrale Formel Schmitts zur Ethik der Politik durchdenken: »die anspruchsvolle moralische Entscheidung«.

Wieso kann eine Entscheidung moralisch anspruchsvoll sein? Schmitt antwortet: Weil sie über den Ausnahmezustand im Augenblick der Gefahr, d. h. im »Ausnahmezustand der Seele« entscheidet, der das moralische Wesen des Menschen in seiner Einzigkeit offenbart. Der Augenblick der Gefahr ist die Zeitbestimmung der Entscheidung, und sie ist im eminenten Sinne situationsabhängig. Den Anspruch einer solchen Situationsethik des Politischen hat Reinhard Koselleck in einem Brief an Schmitt vom 3.6.1959 prägnant formuliert: »Jede Situation hat eine Moral, die es zu leisten gilt.« Diese spitzt sich im Ausnahmezustand, den Schmitt als säkularisiertes Wunder interpretiert, entscheidend zu. Wie Gott mit einem Wunder das Naturgesetz durchbricht, so durchbricht der Souverän im Ausnahmezustand die Rechtsordnung. Das zentrale Problem des Rechts und der Politik ist das Recht zur Ausnahme von der Moral und dem Gesetz.

Wie die Unterscheidung von Freund und Feind ist auch die Entscheidung über den Ausnahmezustand unhintergehbar. Hier erweist sich das Politische als das Existenzielle. Der Ernstfall ist nämlich nicht theoriefähig. Das politische Urteil und die Entscheidung lassen sich nicht hinreichend wissenschaftlich beschreiben. Um mit Ausnahmen umzugehen, braucht man politische Urteilskraft. Und Urteilskraft kann nur durch Urteilskraft beurteilt werden.

Es ist ein für Carl Schmitts Begriff des Politischen besonders charakteristischer Gedanke, dass gerade der Ausnahmefall den Kern der Dinge enthüllt und der Politik ihr Maß gibt. »Von dieser extremsten Möglichkeit her gewinnt das Leben der Menschen seine spezifisch politische Spannung.« Der Ausnahmefall ist wohlgemerkt kein Tatbestand. Insofern ist es ungenau, zu sagen, dass es Ausnahmen gibt. Richtiger wäre es, zu sagen, dass derjenige, der Macht hat, die Ausnahme bestimmt. In einem Aufsatz aus dem Jahre 1924, der eine der besten Einführungen in das Denken Carl Schmitts bietet, schreibt Hugo Ball: »Recht ist dort, wo entschieden wird; wo inappellativ entschieden wird, ist der Souverän, und wo die Entscheidungen des Souveräns hervortreten, ist der Ausnahmezustand.« Die Frage von Thomas Hobbes: »Wer soll entscheiden?« fragt nach der letzten Instanz, dabei wird zweierlei deutlich: zum einen der Eigenwert der Entscheidung und zum anderen das unaufhebbar personalistische Element der absoluten Macht. Wie es der Papst für die katholische Kirche verkörpert, gilt auch für den politischen Souverän das Als-ob der Unfehlbarkeit, denn es gibt keine höhere Instanz.

Der Ausnahmefall ist der Fall, für den keine Zuständigkeit vorgesehen ist. Hier tritt uns die staatliche Ordnung ohne Rechtsordnung gegenüber. Der Ausnahmezustand ist nämlich nicht das Chaos, sondern schon die erste Ordnungsstiftung – allerdings eben ohne Recht und nur durch eine absolute Entscheidung. Diese Entscheidung ist begründungsunbedürftig und normativ betrachtet eine Entscheidung aus nichts. Ausgangspunkt dieser Konstruktion ist wieder das neuzeitliche Grundproblem der Selbsterhaltung. Das Selbsterhaltungsrecht des Staates setzt im Notfall das Recht außer Kraft. Entscheidend ist hier, dass der Ausnahmezustand die Verfassung nicht zerstört, sondern ihre Gesetze durchbricht, um sie zu schützen.

Der Diktator hebt den Rechtszustand überhaupt auf, das heißt er emanzipiert den Zweck des Staates vom Recht. Dabei beruft er sich auf das Selbstbehauptungsrecht des Staates, das ihm erlaubt, das Recht außer Kraft setzen, um Recht zu schaffen – ohne Recht haben zu müssen. Indem der Ausnahmezustand die gesamte bestehende Ordnung außer Kraft setzt, tritt das Recht zurück, während der Staat als Gewalt bestehen bleibt. Insofern offenbart der Ausnahmezustand das Wesen des Staates in aller Reinheit und rechtfertigt ihn als das große politische Artefakt. Damit erreicht Schmitt die maximale Entfernung von Kelsens Konzeption des Staats als Rechtssystem. Denn im Ausnahmezustand, über den Kelsen nichts sagen kann, stellt sich der Staat ja einer chaotischen Situation, in der man keine Rechtsnormen anwenden kann. Der Staat schafft erst die Normalität.

Um die Bedingungen der Möglichkeit von Normalität auszuloten, greift Carl Schmitt in späteren Schriften auf den antiken *Nomos*-Begriff zurück. Es handelt sich hier um einen schon zu Platons Zeiten in seinem eigentlichen Sinn verdunkelten Einheitsbegriff, der auf die Ur-Akte des Rechts, die Ur-teile und Ur-Maße – und damit auf den Grund aller Maßstäbe zurückführen soll. Schmitt nimmt hier die Hegel'sche Sollenskritik wieder auf: *Nomos* ist gerade nicht Norm oder Gesetz, also kein Sollen, das dem Sein gegenübersteht. Er steht für die Einheit von politischem Nehmen (Landnahme), sozialem Teilen (Gerechtigkeit) und ökonomischem »Weiden« (Wirtschaft). Was nun das politische Urteil der modernen Politik so unrealistisch macht, ist ihre ausschließliche Konzentration auf das soziale Teilen und das ökonomische »Weiden«; dabei verdrängt sie das gewaltsame Nehmen. Die Nahme ist die konstitutive Gewalt, und die entdeckt Schmitt eben auch in der politisch-verwaltungstechnischen Maß-nahme. Das enthüllt die Kraft der Aus-nahme, die es eben nicht einfach gibt, sondern die jemand macht. Die Diktatur im Ausnahmezustand offenbart die von Recht befreite Gewalt. Normalität beruht auf der in Recht verwandelten Gewalt.

Exkurs über das Kulturhindernis der Aggression

Eine der überzeugendsten Erklärungen für die unaufhebbare Allgegenwart der Gewalt im Zusammenleben der Menschen bietet die Psychoanalyse. Nun hat Karl Popper gezeigt, dass Freuds Lehre dem Grundprinzip moderner Wissenschaft widerspricht, nämlich der Falsifizierbarkeit ihrer Hypothesen. Tatsächlich macht Freud die Kritik an seiner Theorie oft zum Gegenstand seiner Analysen – Stichwort: unbewusster Widerstand. Dieser Begriff stammt, wie so vieles bei Freud, von Nietzsche. So heißt es in *Jenseits von Gut und Böse*, eine Theorie, die nüchtern und illusionslos die Natur des Menschen ergründe, habe »mit unbewussten Widerständen im Herzen des Forschers zu kämpfen, sie hat ›das Herz‹ gegen sich«. Und erst recht hat sie das Herz des normalen Lesers gegen sich. Diesen Widerstand auszuhalten und ihn zum Medium seiner Theorie und Therapie zu machen, war die genialste Leistung Freuds.

So fügt er seine Psychoanalyse stolz in die Reihe der großen narzisstischen Kränkungen der Menschheit ein, die den Stolz des Menschen gebrochen haben: die Entrückung der Erde aus dem Mittelpunkt der Welt durch Kopernikus und die Depotenzierung des Menschen zum Tier unter Tieren durch Darwin. Noch stärker aber als die These, das Ich sei nicht Herr im eigenen Haus, sondern oft Spielball des Unbewussten, haben Freuds Analysen der Sexualität und Aggressivität des Menschen skandalisiert. Was das Thema Sexualität betrifft, so ist die Erregung in den letzten hundert Jahren abgeklungen. Aber beim Thema Aggressivität, das im Mittelpunkt seiner kulturtheoretisch bedeutsamsten Arbeit über *Das Unbehagen in der Kultur* aus dem Jahre 1930 steht, ist der Widerstand gegen Freuds Lehre ungebrochen.

Da die Aufklärung gegen den Priestertrug und damit gegen die Lehre von der Erbsünde kämpfte, unterstellt sie zumeist, dass der Mensch gut oder doch zumindest perfektibel ist. Erst wenn die Aufklärung reflexiv wird, also sich über sich selbst aufklärt, dringt sie zur Anerkennung des Bösen vor; das ist sowohl bei Nietzsche der Fall, vor allem aber bei Freud. Jacob Taubes schreibt: »Niemals seit Paulus und Augustin hat ein Theologe eine radikalere Lehre von der Erbsünde vertreten als Freud.« Seine Lehre bietet eine säkulare Version des Sündenfalls: Im Anfang war die Untat.

Viel interessanter und aktueller als dieser psychoanalytische Mythos vom Urvatermord ist Freuds Ableitung der Aggressivität aus der infantilen Hilflosigkeit. Im Gegensatz zu den rasch umweltangepassten Tieren ist der Mensch eine Frühgeburt, ständig in Angst und angewiesen auf »Vaterschutz«. Die Ähnlichkeit mit dem Naturzustand bei Hobbes ist verblüffend – nur dass Freud das Wechselspiel von Schutz und Gehorsam nicht am Verhältnis zum Staat, sondern zur Kultur exemplifiziert. Wie Hobbes gezeigt hat, dass die angsterfüllten Menschen zum Staat gezwungen werden, so zeigt Freud, wie die hilflosen Menschen zu Technik und Kultur gezwungen werden. Am Ende dieser Entwicklung – und deshalb heißt die Abhandlung *Das Unbehagen in der Kultur* – steht der unglückliche »Prothesengott«. Die Technik hat ihm die Herrschaft über die äußere Natur ermöglicht, aber doch nur um den Preis einer Kultur, die ihn zur Herrschaft über seine innere Natur zwingt.

Wie bei Hobbes heißt es auch bei Freud: »Die individuelle Freiheit ist kein Kulturgut. Sie war am größten vor jeder Kultur, allerdings damals meist ohne Wert, weil das Individuum kaum imstande war, sie zu verteidigen. Durch die Kulturentwicklung erfährt sie Einschränkungen und die Gerechtigkeit fordert, dass keinem diese Einschränkungen erspart werden.« Kultur ist der Inbegriff der Überlebensbedingungen, aber sie macht uns unglücklich, weil sie Triebverzichte fordert, Bedürfnisse frustriert, Aggression tabuisiert und sich in empfindlichem Gegensatz zur Sexualität entwickelt. So scheint das Unbehagen in der Kultur unaufhebbar, weil die Gesellschaft immer wieder die individuelle Freiheit unterdrückt. Institutionalisiert wird dieses Dauerproblem im Recht, das Freud schlüssig aus Triebopfern und Tabus ableitet. Wie Weber stellt sich also auch Freud der Tragödie der Kultur. Und wie Rousseau, den wir gleich näher kennenlernen werden, hat er eine radikal kritische Haltung zur Kultur – aber er akzeptiert sie; er nimmt die Schmerzen in Kauf.

So lautet sein Zwischenfazit: »Das Leben, wie es uns auferlegt ist, ist zu schwer für uns, es bringt uns zu viel Schmerzen, Enttäuschungen, unlösbare Aufgaben.« Zwar hat der Mensch im Prozess der Zivilisation zwei der drei großen existenziellen Bedrohungen bewältigt bzw. sich mit ihnen abgefunden, indem er nämlich gelernt hat, die übermächtige Natur durch Technik zu beherrschen und die eigene körperliche Hinfälligkeit durch die Fortschritte der Medizin zu lindern. Aber die dritte Bedrohung, die »soziale Leidensquelle«, nämlich die schweren Mängel in der Organisation unserer gesellschaftlichen Beziehungen durch den Staat, ist ein beständiges Ärgernis geblieben – Ärgernis vor allem auch deshalb, weil sich die Menschen die Schuld an diesem Mangel selbst zuschreiben müssen.

Wie ist das zu erklären? Freud übernimmt hier ausdrücklich Hobbes' anthropologisch-politische Grundthese, dass nämlich der Mensch dem Menschen ein Wolf sei. Er spricht von einer »primären Feindseligkeit«, die sofort durchbricht, wenn die Kultur ihre Zügel lockert und »den Menschen als wilde Bestie« enthüllt. Entsprechend deutet Freud das biblische Gebot der Nächstenliebe als eine Idealforderung, die der Natur des Menschen am meisten widerspricht. Er hat eine angeborene Neigung zur Aggression, die unaufhörlich die Kulturleistungen sabotiert; das ist die säkulare Erbsünde.

Dass entfesselte Aggression uns ins Unglück stürzt, ist klar. Aber – und das ist die tragische Pointe der Psychoanalyse – auch die kulturelle Unterdrückung der Aggressionsneigung macht unglücklich. Auch hier denkt Freud in Nietzsches Spur, der in seiner *Genealogie der Moral* zeigt, wie die Kultur den Menschen zwingt, seine Aggression gegen sich selbst zu wenden und so ein schlechtes Gewissen auszubilden, das sein ganzes Leben mit einem Schuldgefühl überzieht. Dieses Schuldgefühl bleibt aber zumeist unbewusst und äußert sich als Unbehagen. »Wie gewaltig muss das Kulturhindernis der Aggression sein, wenn die Abwehr derselben ebenso unglücklich machen kann wie die Aggression selbst.« Das bedeutet aber: Der Mensch erkrankt an der Kultur. Indem sie alle Auswege, alle Abzugsgräben der Aggression verbaut, zwingt sie die Menschen immer wieder, ihre Aggressionsneigungen nach innen, also gegen sich selbst zu wenden. Gerade die »Guten«, die eine Kultur der

Menschenliebe beschwören, entwickeln dann ein starkes Strafbedürfnis, das sie entweder in Form von Selbstbezichtigungen nach innen oder in Form der Tribunalisierung nach außen wenden. In beiden Fällen wird streng gerichtet, und zwar ganz unabhängig von den realen Sachverhalten. So kann eine ganze Kultur neurotisch werden. Diesen Punkt haben wir heute erreicht.

Rousseau und das Weltgericht

Die bisherigen Kapitel leisten keine Ideengeschichte des Politischen, sondern arbeiten lediglich einige prägnante Positionen heraus, die vor dem Hintergrund einer »pessimistischen« Anthropologie die Emanzipation der modernen Politik von der Moral betonen. Das soll abschließend durch eine kurze Charakteristik der politischen Philosophie Rousseaus, die uns in die Gegenwart führt, noch kontrastschärfer werden.

Dass der Geist links weht, konnte man früher, etwa von Lessing bis Adorno, durchaus zu Recht behaupten. Vor allem die marxistische Linke war intellektuell anspruchsvoll, und das verdankte sie dem fleißigen Studium von Hegels Dialektik. Überzeugend war diese Gesellschaftskritik deshalb, weil sie immanent verfuhr, also keine moralischen Sollensforderungen an die Realität stellte, sondern die Selbstwidersprüche des Kapitalismus aufdecken wollte. Das gilt auch noch für den Neomarxismus der 1920er Jahre, vor allem Georg Lukács' grandioses Werk *Geschichte und Klassenbewusstsein*, und die Frankfurter Schule unmittelbar nach dem Zweiten Weltkrieg. Sogar die Führer der Studentenbewegung waren noch eindrucksvoll durch ihre intellektuelle und rhetorische Souveränität.

Doch von da an ging es bergab. Das hat im Wesentlichen zwei Gründe. Das wichtigste Produkt des Kapitalismus, das Proletariat, löste sich in Kleinbürgerlichkeit auf. Und der real existierende Sozialismus blamierte den marxistischen Geist. Mit dem Untergang der Sowjetunion zerplatzten die linken Träume endgültig. Deshalb stellte der Protest von rot auf grün um. Statt auf das Proletariat setzt man seither auf den guten Menschen und die eigentlich heile, aber gefährdete, weil ausgebeutete Natur. Man könnte von einer grünen Inversion der Revolution sprechen – von Marx zurück zu Rousseau. In den revolutionären Träumen hat die Ökodiktatur die Diktatur des Proletariats ersetzt.

Die ersatzreligiösen Züge dieser Rückwendung sind unverkennbar. Weil die Hoffnung auf Erlösung enttäuscht wurde, interessiert man sich wieder für die Schöpfung – unter dem Namen Umwelt. Die Natur ersetzt Gott als externe Instanz des Urteils über Gesellschaft. Diejenigen, die sich mit religiöser Inbrunst der Natur zuwenden, sind von der Geschichte enttäuscht. Aber sie haben ein funktionales Äquivalent für die marxistische Theorie der Gesellschaft gefunden. Die rousseauistische Normalerwartung einer harmonischen Beziehung zwischen Mensch und Natur lässt die Gesellschaft regelmäßig im Ungleichgewicht zu ihrer Umwelt erscheinen. Das motiviert zum einen die ökologische Gesellschaftskritik, zum anderen die Utopie der Diversität als Sozialidyll des natürlichen Menschen.

Der Rousseauismus der heutigen, »woken« Linken ist eine Mischung aus vormarxistischem, utopischem Sozialismus, einer Naturromantik auf puritanischer Basis und der Sentimentalität des politischen Moralismus. Auf wen diese Ideologie berechnet ist, kann man sich an einer Selbstbeobachtung Rousseaus deutlich machen. In einem der erfolgreichsten und folgenreichsten Werke der Weltliteratur, seinen *Bekenntnissen*, heißt es in typisch selbstentblößender Offenheit: »Ich war so gelangweilt … Ich war so übersättigt«. Die geniale Pointe liegt nun darin, dass Rousseau von der eigenen Frustration auf die Misere der Gesellschaft schloss.

Jeder Politik liegt eine anthropologische Überzeugung zugrunde. Die Rousseauisten gehen davon aus, dass der Mensch gut ist; deshalb muss die Gesellschaftsstruktur an den Übeln der Welt schuld sein. Die Konservativen gehen davon aus, dass der Mensch »böse« ist, und arbeiten die gesellschaftlichen Mechanismen heraus, die dafür sorgen, dass wir dennoch in einer guten Gesellschaft leben können. Kant verdanken wir ein eingängiges

Bild und einen prägnanten Begriff, die uns ins Zentrum des Problems führen. So heißt es in seiner *Idee zu einer allgemeinen Geschichte in weltbürgerlicher Absicht*: »Aus so krummem Holze, als woraus der Mensch gemacht ist, kann nichts ganz Gerades gezimmert werden.« Und in derselben Schrift fällt auch das Wort von der »ungeselligen Geselligkeit« der Menschen. Sie können einander nicht leiden, aber sie brauchen einander. Sie sind ehr-, hab- und herrschsüchtig, aber gerade die dadurch geschürte Zwietracht stachelt die Menschen dazu an, ihre Naturanlagen zu entfalten. Kurzum, Kultur ist ein Produkt der Bosheit.

Wenn aber der Mensch aus krummem Holz gemacht ist, gerät die Suche nach Perfektion leicht auf den Weg des Totalitarismus. Das Bild vom guten Menschen produziert leicht eine totalitäre Gesellschaft, weil alle Abweichenden und Andersdenkenden umerzogen werden müssen. Revolutionäre Politik rousseauistischer Prägung geht immer davon aus, dass die Leute nicht wissen, was gut für sie ist, und deshalb erzogen werden müssen. Ins gesellschaftliche Paradies kommt man nur durch das Paradox, das Rousseau so schön formuliert: Man zwingt die Menschen, frei zu sein.

Was Rousseau so beliebt gemacht hat, ist sein großes Entlastungsformular. Er spricht die Menschen von der Erbsünde frei und lastet die Schuld an allen Übeln der Welt der Gesellschaft an. So heißt es im zweiten der *Briefe an Malesherbes*, »dass der Mensch von Natur gut ist, und dass es lediglich von ihren Einrichtungen herrührt, wenn die Menschen böse werden«. Das ist die Ultrakurzfassung des Mythos von der Selbstentfremdung, deren Überwindung die rote Linke marxistisch von der »klassenlosen Gesellschaft« erwartet hat und die grüne Linke sich von der Identifikation »mit der ganzen Natur« verspricht. Was beide verbindet ist die Überzeugung, dass das Eigentum das eigentlich Böse ist. In Rousseaus berühmten Worten: Alle gesellschaftlichen Übel gehen zurück auf »die scheußlichen Worte Mein und Dein«. Deshalb muss uns der Staat das Eigentum nehmen, um uns auf der Basis absoluter Gleichheit die wahre Freiheit zu schenken.

Die meisten Aufklärer leugnen die Erbsünde. Für sie war der Mensch gut oder doch zumindest durch Erziehung und die revolutionäre Umgestaltung der Gesellschaft perfektibel. Auch hier gibt Rousseau das entscheidende Stichwort. In seinem berühmten *Contract Social* entwickelt er ein Programm, »die menschliche Natur zu verändern« – im Original: »changer la nature de l'homme«; das heißt, er geht von der vollständigen Formbarkeit des Menschen aus. Robespierre war der ergebene Schüler Rousseaus, der diese Theorie dann in die Praxis umsetzte, nämlich in den Terror des

Jakobinismus. Trotzdem ist es den Revolutionären bis zum heutigen Tag gelungen, das Monopol auf Menschlichkeit für sich zu reklamieren. Der Liberale Ralf Dahrendorf hat das den »humanen Absolutismus der Totalveränderer« genannt. Sie reklamieren für sich, für die Menschheit zu sprechen – früher im Namen der Bürger, dann im Namen des Proletariats und heute im Namen der ehemals kolonialisierten Dritten Welt.

Für die Guten ist das einzig Böse die Lehre von der Erbsünde. Gerade dieses Dogma jedoch hat den politischen Moralismus in Schach gehalten, denn jeder war ein Sünder. Das aber bedeutet, dass nicht das Bild vom guten, sondern vom bösen Menschen eine freiheitliche Gesellschaft ermöglicht. Dass wir uns noch auf Distanz, Höflichkeit, Takt und Diplomatie verlassen können, verdanken wir nicht dem guten Menschen, sondern dem guten Bürger. Er ist das Produkt des freien Marktes, der aus privaten Lastern öffentliche Tugenden macht. Hegel nennt das die List der Vernunft.

Hier wird deutlich, was mit »böse« im nicht theologischen Sinne gemeint ist. Der Mensch ist gefährlich, weil gefährdet. Aber im erzwungenen Zusammenleben mit seinesgleichen, im Prozess der Zivilisation lernt er, seine ursprünglich aus Notwehr geborene Aggressivität, seine Leidenschaften wie Eitelkeit, Ruhmsucht und Misstrauen in produktive Energien zu verwandeln. Das zeigt sich in Konkurrenz und Wettbewerb genauso wie in den Akten der Kreativität, die der Ökonom Joseph Schumpeter einmal als schöpferische Zerstörung definierte.

So wie der »böse« Mensch eine gute Gesellschaft ermöglicht, so führt uns heute der gute Mensch auf den Weg in die Knechtschaft. Statt unser soziales Leben durch Wettbewerb zu organisieren, beglückt man uns mit dem Sozialismus eines paternalistischen Wohlfahrtsstaats. Entsprechend befindet sich der Rechtsstaat auf dem Rückzug. Denn der gerechte Staat der Guten diskriminiert. Die Quoten, die er einführt, sind nichts anderes als Privilegien, also illiberal und undemokratisch – Gruppenrechte, die uns zurück in die Vormoderne des Status führen. Das ist für viele deshalb attraktiv, weil man jetzt den Mangel an Begabung leicht durch die richtige Gesinnung kompensieren kann. Die Quote ist nämlich immer nur der erste Schritt; was dann folgt, hat Hegel den Übergang »von der Parität zur Purität« genannt. Wenn alle gleich sind, wenn es keine Rassen gibt und alle Kulturen gleich wertvoll sind, dann müssen real existierende Ungleichheiten durch legalen Despotismus nivelliert werden. Deshalb gibt es Quoten und positive, kompensatorische Diskriminierungen, Gender Mainstreaming und den Kampf gegen »white supremacy«. Ein nüchterner Beobachter wird aber erkennen, dass unsere Kultur hier vor einem klaren Entweder-oder steht: Aufklärung und universalistische Menschenrechte oder Gleichstellung und Identitätspolitik.

Der geistige Vater der heutigen Linken ist nicht Marx, sondern Rousseau. Während Hobbes auf der Basis einer pessimistischen Anthropologie den vernünftigen modernen Staat konstruierte, wollte Rousseau nicht nur zurück zur Natur, sondern auch zurück zur antiken Polis. Genf war für ihn, verglichen mit Paris, das neue Sparta. Stolz nennt sich der Autor des Werks über den Gesellschaftsvertrag *citoyen de Genève*. Sein Begriff des Politischen orientiert sich an zwei Maßstäben: an der Polis und an der Natur. Für Hobbes war der Naturzustand ein negativer Maßstab: instabil und geprägt von einem Selbstwiderspruch, der die Menschen geradezu zum Staat zwingt. Für Rousseau dagegen ist der Naturzustand ein positiver Maßstab, eine regulative Idee: stabil und charakterisiert durch Unbedürftigkeit.

Von den grünen Rousseauisten wird heute meist übersehen, was Kant bereits wusste: dass Rousseau nämlich nicht zur Natur zurückgehen, sondern nur zurücksehen wollte, um den Naturzustand als Maßstab zu gewinnen. Wo Hobbes nur Selbstbehauptung und Eitelkeit sehen konnte, findet Rousseau Selbstliebe und Mitleid. Der edle Wilde lebt in sich selbst, also innengeleitet, und erscheint so als Prototyp des autonomen Menschen. Der moderne Mensch dagegen lebt in der Meinung der anderen, also außengeleitet.

Intellektuell anspruchsvoll wird Rousseaus politische Theorie durch die Dialektik des Gesellschaftsvertrags. Sie ist eine Dialektik der totalen Entfremdung. Die Orientierung am Maßstab der Natur besteht nämlich nicht in einem einfachen »Zurück«, sondern erfordert zunächst eine absolute Entfremdung und Entnaturalisierung des Individuums. Die Gesellschaft korrumpiert den Menschen; aber er erlangt seine wahre Freiheit durch die Unterwerfung unter den Gemeinwillen, den »volonté générale«. Es ist der souveräne Wille ohne Herrscher. Dieser Gemeinwille ist wohlgemerkt nicht der Wille aller – und kann deshalb immer wieder zur Bezugsgröße von Erziehungsdiktaturen werden.

Die Unterwerfung unter den Gemeinwillen verwandelt den Menschen in einen Bürger. So heißt es im *Contract Social*: »Der Staatsbürger stimmt allen Gesetzen zu, selbst jenen, die man gegen seinen Willen verabschiedet, und sogar denen, die ihn bestrafen, wenn er eines davon zu übertreten wagt. Der unveränderliche Wille aller Glieder des Staates ist der Gemeinwille; durch ihn sind sie Staatsbürger und frei.« Rousseau fordert die totale Einheit von Moral und Politik, Staat und Gesellschaft, dem privaten Innen und dem öffentlichen Außen. So heißt es in dem Artikel *Politische Ökonomie*, den er für Diderots große Enzyklopädie geschrieben hat: »Die umfassendste Autorität ist diejenige, welche bis ins Innerste des Menschen dringt und nicht weniger auf seinen Willen als auf seine Handlungen einwirkt.« Im Gegensatz zum Hobbes'schen Absolutismus akzeptiert die Diktatur des Gemeinwillens keine Privatsphäre mehr; die Gesinnungen der Bürger werden gleichgeschaltet. Der Historiker Reinhardt Koselleck resümiert: »Die moralische Zensur hat sich bei Rousseau verstaatlicht.«

Der Gemeinwille ersetzt aber nicht nur den Willen des Souveräns, sondern auch das transzendente Naturrecht. Heute, im Zeitalter des grünen Rousseauismus, wird das Naturrecht durch das Recht der Natur, also der Umwelt, ersetzt. Die Umweltbewegung belässt es also nicht bei einem Zurücksehen auf die Natur als Maßstab. Mit dem Thema Klimawandel – jetzt aber auch Corona – kultiviert sie eine negative Romantik: als ob sich die geschändete Natur am *homo faber* und am *homo oeconomicus*, also am Techniker und am Kapitalisten rächen würde.

Wir haben es hier mit einer doppelten Flucht in die Natur zu tun – zurück zum guten Menschen des Naturzustandes und in die Natur qua Umwelt. Diese Naturidolatrie hat eine eminent politische Dimension, denn Ökodiktatur und utopischer Sozialismus sind komplementär. Gemeinsam stehen sie im puritanischen Kampf gegen alles, was das Leben genussvoll macht. Und wer die Schirmherrschaft über die Natur übernommen hat, braucht keine demokratische Legitimation mehr. Corona und Klima, aber auch Europa und Massenmigration werden von der »woken« Linken als Probleme definiert, die man nur lösen kann, wenn man es mit Rechtstaat und Demokratie nicht so genau nimmt.

An die Stelle der demokratischen Legitimation tritt die existenzielle. Betroffenheit und Angst ersetzen das Argument und den Konsens. Auch hier ist Rousseau das große Vorbild. Seine *Bekenntnisse* sind ein einziger Exzess der Entlarvung und Selbstentblößung, um zum wahren, nackten Menschen durchzustoßen. Damit ist Rousseau eine völlig neue Form der Legitimation gelungen: die Selbstrechtfertigung durch Selbstbezichtigung. Heute hat dieser politische Moralismus einen Extremwert erreicht: die Selbstgeißelung. Der einzige Stolz, den wir noch zulassen, ist der Sündenstolz.

Wenn der Mensch von Natur aus gut ist, muss irgendjemand daran schuld sein, dass die Welt schlecht ist. Und so fragt sich der gute Mensch: Was ist der störende Faktor? Friedrich Schillers berühmter Vers »Die Weltgeschichte ist das Weltgericht« wird hier so verstanden, als ob sich die aufgeklärte Elite zum Richter über die Gesellschaft ermächtigen dürfe. Diese Tribunalisierung, diesen geistigen Bürgerkrieg hat schon die Aufklärung vorbereitet, insofern sie Vernunft als kritischen Prozess verstand: Die Bürger machen dem Staat den moralischen Prozess und nennen das Kritik. Die Aufklärung greift die von Machiavelli und Hobbes erreichte Trennung von Politik und Moral auf, um vom Moralischen aus eine radikale Kritik der Politik, nämlich des absolutistischen Staates zu formulieren. Rousseau spitzt das zu – bis die Französische Revolution als legitimer Bürgerkrieg interpretiert wird.

Die Aktualität Rousseaus hat nicht nur mit seinem *Gesellschaftsvertrag* oder seinen Ideen zum Republikanismus zu tun. Was ihn zum Schutzheiligen der heutigen Linken macht, ist seine Erfindung der modernen Form der Tribunalisierung. Gemeint ist die Inszenierung des Jüngsten Gerichts, bei der der politische Moralist als Angeklagter, Verteidiger und Richter zugleich auftritt. Der Gesellschaft wird der Prozess gemacht, indem sich nicht nur der absolute Verlierer, sondern eben auch der Bürger mit schlechtem Gewissen zum Gewissen der Gesellschaft aufwirft. Dabei klagt man nicht nur im eigenen Namen, sondern auch im Namen der Empfindsamen und Beleidigten, der Minderheiten und Migranten an. Hier funktionieren Mitleid und Engagement für Gleichheit als Masken für tyrannische Impulse.

Es resultiert ein Absolutismus der Tugend, den man heute politische Korrektheit nennt und der die bürgerliche Welt in Schockstarre versetzt hat. Das politische »links« und »rechts« wird durch das manichäische »gut« und »böse« überformt. Dem entspricht, dass wir es heute auch mit einer modernen Variante des antiken Zensors zu tun haben, der *Cancel Culture*. Sie herrscht in den Bildungsinstitutionen genauso unumschränkt wie in den öffentlich-rechtlichen Medien.

Dieser Tugendterror legitimiert sich nicht mehr diskursiv. Er erspart sich die Arbeit des Begriffs und reklamiert Authentizität als Wahrheitskriterium. Wer gefühlsecht ist, dem werden Unsachlichkeit und Inkompetenz verziehen. Vor allem die Umweltaktivisten zeigen, dass man durch und durch unpolitisch sein und gerade dadurch attraktiv erscheinen kann. Sie sehnen sich nach einer Ergänzung der nüchternen Prosa des sozialen Rechtsstaats durch den Kitsch einer Gefühlsdemokratie. Diese rousseauistische Nostalgie nach einer von archaischen Gefühlen geleiteten Gesellschaft, in der ein autoritärer Staat sichtbar ›soziale Gerechtigkeit‹ schafft, ist sehr romantisch und sehr deutsch. Sie hat einen Jargon der Achtsamkeit entwickelt, mit dem eine hysterisch hochgezüchtete Empfindlichkeit den Anspruch auf bevorzugte Behandlung begründet. Man zeigt seine Wunden vor und klagt die Gesellschaft an.

Als Opfer braucht man keine Argumente. An die Stelle von Ideologiekritik tritt Indigniertheit. Entrüstung gilt heute als Echtheitsbeweis, aber wer moralisch entrüstet ist, kann nicht mehr klar denken.

Vor diesem Hintergrund versteht man, wie Zensur, Inquisition und Pranger, die wir eigentlich nur aus dem Mittelalter kannten, zu Praktiken der rousseauistischen Linken werden konnten. Die neuen Jakobiner beschwichtigen ihr schlechtes Gewissen, indem sie sich als das Gewissen der Gesellschaft aufspielen – als Mahner vor dem ökologischen Weltuntergang, als Anwälte der unterdrückten Minderheiten und als unerschrockene Antifaschisten im »Kampf gegen rechts«. Was ihre Träume stört, ist aber nicht der Kapitalismus oder der Faschismus, sondern die Natur des Menschen.

Literatur

Hannah Arendt, *Was ist Politik?*, München 1993.

Aristoteles, *Politik*, Zürich 1955.

Herschel C. Baker, *The Wars of Truth*, Cambridge (USA) 1952.

Hugo Ball, »Carl Schmitts politische Theologie«, in: Jacob Taubes (Hg.), *Der Fürst dieser Welt*, Paderborn 1983.

Hans Baron, *The Crisis of the Early Italian Renaissance*, Princeton 1966.

Walter Benjamin, »Ursprung des deutschen Trauerspiels«, in: *Gesammelte Schriften*, Bd. I, herausgegeben von Rolf Tiedemann und Hermann Schweppenhäuser, Frankfurt a. M. 1974.

Hans Blumenberg, *Die Genesis der kopernikanischen Welt*, Frankfurt a. M. 1975.

ders., *Höhlenausgänge*, Frankfurt a. M. 1989.

ders., *Legitimität der Neuzeit*, Frankfurt a. M. 1988.

ders., »Das Recht des Scheins in den menschlichen Ordnungen bei Pascal«, in: *Philosophisches Jahrbuch* 56/57 (1946/47), S. 413–430.

ders., *Schriften zur Technik*, Berlin 2015.

ders., *Wirklichkeiten in denen wir leben*, Stuttgart 1981.

Günther Buck, »Selbsterhaltung und Historizität«, in: Hans Ebeling (Hg.), *Subjektivität und Selbsterhaltung*, Frankfurt a. M. 1976, S. 208–302.

Jacob Burckhardt, *Griechische Kulturgeschichte*, Bd. I, Basel 1956.

ders., *Die Kultur der Renaissance in Italien*, Stuttgart [10]1976.

Ernst Cassirer, *Der Mythus des Staates*, Zürich 1949.
Wolfgang van den Daele, *Mensch nach Maß*, München 1985.
Ralf Dahrendorf, *Gesellschaft und Demokratie in Deutschland*, München 1968.
Michel Foucault, *Sexualität und Wahrheit*, Bd. 1, Frankfurt a. M. 1986.
Hermann Fränkel, *Dichtung und Philosophie des frühen Griechentums*, München 1962.
Sigmund Freud, »Das Unbehagen in der Kultur«, in: *Gesammelte Werke*, Bd. 14, London 1948.
Johann Wolfgang von Goethe, »Maximen und Reflexionen«, in: *Werke*, Bd. III, München 1972.
Georg Friedrich Wilhelm Hegel, *Grundlinien der Philosophie des Rechts. Werke in zwanzig Bänden*, Bd. 7, Frankfurt a. M. 1970.
ders., *Jenaer Realphilosophie*, Hamburg 1969.
ders., *Phänomenologie des Geistes. Werke in zwanzig Bänden*, Bd. 3, Frankfurt a. M. 1970.
ders., »Die Verfassung Deutschlands«, in: Werke in zwanzig Bänden, Bd. 1, Frankfurt a. M. 1970.
ders., *Vorlesungen über die Philosophie der Geschichte. Werke in zwanzig Bänden*, Bd. 12, Frankfurt a. M. 1970.
ders., *Vorlesungen über die Philosophie der Weltgeschichte*, Bd. I, Hamburg 1955.
Wilhelm Hennis, *Die missverstandene Demokratie*, Freiburg 1973.
ders., *Max Weber und Thukydides*, Tübingen 2003.
Dieter Henrich, »Die Grundstruktur der modernen Philosophie«, in: Hans Ebeling (Hg.): *Subjektivität und Selbsterhaltung*, Frankfurt a. M. 1976.
Thomas Hobbes, *De cive / Vom Bürger*, Stuttgart 2017.

ders., *The Elements of Law*, Withthorn 2017.
ders., *Leviathan*, Cambridge 1991.
ders., *Of Liberty and Necessity*, London 1929.
Johannes Hösle, *Pietro Aretinos Werk*, Berlin 1969.
Werner Jaeger, *Paideia*, Berlin 1936.
Immanuel Kant, »Idee zu einer allgemeinen Geschichte in weltbürgerlicher Absicht«, in: *Werke in zwölf Bänden*, Bd. 6, Frankfurt a. M. 1964.
Ernst Kantorowicz, *Kaiser Friedrich der Zweite*, Stuttgart 1980.
Hans Kelsen, *Staat und Naturrecht*, Neuwied, Berlin 1964.
Wolfgang Kersting, *Niccolò Machiavelli*, München 1988.
Orrin E. Klapp, *Heroes, Villains, and Fools*, Englewood Cliffs 1962.
Alexandre Kojève, *Hegel*, Stuttgart 1958.
Reinhardt Koselleck, *Kritik und Krise*, Freiburg 1959.
Gerhard Krüger, *Einsicht und Leidenschaft*, Frankfurt a. M. 1939.
Karl Löwith, *Gesammelte Abhandlungen*, Stuttgart 1960.
Hermann Lübbe, *Theorie und Entscheidung*, Freiburg 1971.
ders., *Politische Philosophie in Deutschland*, Basel 1963.
Niklas Luhmann, *Beobachtungen der Moderne*, Opladen 1992.
ders., *Die Gesellschaft der Gesellschaft*, Frankfurt a. M. 1997.
ders., *Grundrechte als Institution*, Berlin [4]1999.
ders., *Die Moral der Gesellschaft*, Frankfurt a. M. 2008.
ders., *Ökologische Kommunikation*, Opladen [2]1988.
ders., *Soziologie des Risikos*, Berlin 1991.

ders., »Staat und Staatsräson«, in: *Gesellschaftsstruktur und Semantik*, Bd. 3, Frankfurt a. M. 1989.

ders., »Die Zukunft der Demokratie«, in: *Soziologische Aufklärung*, Bd. 4, Opladen 1987.

ders., *Zweckbegriff und Systemrationalität*, Frankfurt a. M. 1973.

Georg Lukács, »Geschichte und Klassenbewusstsein«, in: *Werke*, Bd. 2, Darmstadt, Neuwied 1968.

ders., *Niccolò Machiavelli, Discorsi*, Stuttgart 1977.

ders., *Discorsi sopra la prima deca di Tito Livio*, Mailand 1984.

ders., *Il Principe / Der Fürst*, Stuttgart 1986.

Odo Marquard, »Aufgeklärter Polytheismus«, in: Jacob Taubes (Hg.): *Der Fürst dieser Welt*, Paderborn 1983.

ders., *Schwierigkeiten mit der Geschichtsphilosophie*, Frankfurt a. M. 1973.

Karl Marx, »Kritik der Hegelschen Rechtsphilosophie«, in: Siegfried Landshut (Hg.) *Die Frühschriften*, Stuttgart 1971.

Christian Meier, *Die Entstehung des Politischen bei den Griechen*, Frankfurt a. M. 1980.

Friedrich Meinecke, *Die Idee der Staatsräson*, München 1957.

Friedrich Nietzsche, *Sämtliche Werke. Kritische Studienausgabe*, München 1980.

ders., *Die Unschuld des Werdens*, Bd. 2, Stuttgart 1978.

Vilfredo Pareto, *Ausgewählte Schriften*, Frankfurt a. M., Berlin u. a. 1975.

Blaise Pascal, *Pensées*, Paris 1897.

Platon, *Werke in 8 Bänden. Gorgias*, Bd. 2, Darmstadt 1973.

ders., *Werke in 8 Bänden. Politeia*, Bd. 4, Darmstadt 1971.

Helmuth Plessner, »*Macht und menschliche Natur*«, in: *Gesammelte Schriften*, Bd. V, Frankfurt a. M. 1981.
Joachim Ritter, *Metaphysik und Politik*, Frankfurt a. M. 2003.
Jean-Jacques Rousseau, *Bekenntnisse*, München 1978.
ders., »Briefe an Malesherbes«, in: *Schriften*, Bd. 1, München 1978.
ders., *Du contract social / Vom Gesellschaftsvertrag*, Stuttgart 2010.
ders., *Politische Ökonomie*, Frankfurt a. M. 1977.
Wolfgang Schadewaldt, *Die Anfänge der Geschichtsschreibung bei den Griechen*, Frankfurt a. M. 1982.
Carlo Schmid, »Einleitung«, in: *Machiavelli* (Hg. Carlo Schmid), Frankfurt a. M., Hamburg 1956, S. 7–43.
Carl Schmitt, *Der Begriff des Politischen*, Berlin 1963.
ders., *Die Diktatur*, Berlin 1928.
ders., *Über die drei Arten des rechtswissenschaftlichen Denkens*, Hamburg 1934.
ders., *Der Leviathan in der Staatslehre des Thomas Hobbes*, Hamburg 1938.
ders., *Politische Theologie*, Berlin 1934.
ders., *Staat, Großraum, Nomos*, Berlin 1995.
ders., *Verfassungslehre*, Berlin 1928.
Arthur Schopenhauer, *Die Welt als Wille und Vorstellung*, Leipzig 1859.
Dietrich Schwanitz, *Männer*, München 2003.
Georg Simmel, *Brücke und Tür*, Stuttgart 1957.
Robert Spaemann, *Reflexion und Spontaneität*, Stuttgart 1963.
Oswald Spengler, *Mensch und Technik*, München 1931.
ders., *Der Untergang des Abendlandes*, München 1923.

Dolf Sternberger, *Machiavellis ‚Principe' und der Begriff des Politischen*, Wiesbaden 1975.

Leo Strauss, *Hobbes' politische Wissenschaft*, Neuwied, Berlin 1965.

ders., *An Introduction to Political Philosophy*, Detroit 1989.

ders., *Natural Right and History*, Chicago 1950.

ders., *Thoughts on Machiavelli*, Chicago 1958.

Jacob Taubes, »Statt einer Einleitung: Leviathan als sterblicher Gott«, in: *Der Fürst dieser Welt* (Hg. Jacob Taubes), Paderborn 1983, S. 9–15.

ders., *Vom Kult zur Kultur*, München 1996.

Jacob Taubes/Carl Schmitt, *Briefwechsel*, München 2012.

Tertullian, *Apologeticus*, Leipzig 1851.

Thukydides, *Der Peloponnesische Krieg*, Stuttgart 2005.

Eric Voegelin, *Die spielerische Grausamkeit der Humanisten*, München 1995.

Marianne Weber, *Max Weber. Ein Lebensbild*, Tübingen 1984.

Max Weber, *Gesammelte Aufsätze zur Religionssoziologie*, 3 Bde., Tübingen 1920.

ders., *Gesammelte Aufsätze zur Soziologie und Sozialpolitik*, Tübingen 1924.

ders., *Gesammelte Aufsätze zur Wissenschaftslehre*, Tübingen [4]1973.

ders., *Gesammelte politische Schriften*, Tübingen [3]1971.

ders., *Die protestantische Ethik und der Geist des Kapitalismus*, München 2004.

ders., *Wirtschaft und Gesellschaft*, Tübingen [5]1972.

Bernard Willms, *Revolution und Protest*, Stuttgart 1969.

Erste Auflage Berlin 2021

MSB Matthes & Seitz Berlin
Verlagsgesellschaft mbH
Göhrener Str. 7 | 10437 Berlin
info@matthes-seitz-berlin.de

Satz: Monika Grucza-Nápoles, Berlin
Druck und Bindung: Arta-Druk, Szczecin
Umschlaggestaltung nach einer Idee
von Pierre Faucheux
ISBN 978-3-7518-0519-3
www.matthes-seitz-berlin.de